► 50則非知不可的政治學概念

50 Political Ideas

you really need to know

班・杜普瑞（Ben Dupré）★ 著

龐元媛 ★ 譯

序言

雷根（Ronald Reagan）在1977年時曾經戲言道：「政治應該是第二古老的行業，不過我發現政治跟最古老的行業的確非常地相似。」在此，我要向當時即將成爲第四十任美國總統的雷根說聲抱歉，同時也要向邏輯說聲抱歉，因爲我認爲第二古老的行業實際上應該是比最古老的行業還要古老。只要生而爲人，大概就難免會有政治行爲。亞里斯多德（Aristotle）認爲人類就是政治動物，因爲他認爲生活在希臘城邦的人民都可以做出最完整且最具有特色的表述。政治的英文politics就是源自城邦的希臘文polis。所以城邦是政治動物的自然棲息地，生活在城邦的政治動物互助合作，制定法律，建立機構，奠定了社會秩序與社會正義的基礎。如果說人類原本就是政治動物，那麼人類的生活自然無法將政治排除在外，脫離政治而獨立運作。

城邦或許是人民互助合作的產物，不過城邦的活力卻是來自於衝突。如果大家不是經常有意見相左的情形發生，那麼就不需要政治了。因爲在一團和氣的世界裡，或者是在全面性壓迫的世界中，政治是絕對無法蓬勃發展的，主要的原因是在這樣的世界裡要不是完全沒有異議，就是所有的異議都已經被完全地消滅了。我們的生活需要政治，因爲大家對於應該如何分配福利，誰有權利來管理誰，還有這些問題究竟應該要如何決策，通通都沒有共識。毛澤東曾經說過政治是不流血的戰爭，也就是一種不必訴諸暴力的解決爭端的方式，這句話眞是一針見血。在一個政治開放的社會中，唯一的共識就是包容差異，所以政治是妥協的藝術（也有人認爲是妥協的科學）。

既然說異議是政治的精髓，那麼我如果硬是要解釋爲何單單只選擇這本書裡面的五十個政治概念，那似乎對政治就太不公平了。的確，迪斯雷利（Disraeli）說政治的字典裡面沒有「塵埃落定」，所以我也不敢說我給這五十個概念下的定義就是最終的定義，在此，只能謝謝我的出版商（先是理察，現在是史拉夫）長久以來對我的支持，也謝謝我的家人讓我明白，合理的政治解決方案並不需要理性，更不需要公平的分工，因爲愛能征服一切。

班・杜普瑞　謹識

2010年寫於牛津

目次 *Contents*

01
Part

政治理論

01 自由

> 西方自由派民主國家普遍認為自由是最基本的人權，是值得奮鬥的理想，必要時就算必須付出生命的代價也在所不惜。之所以將自由奉為圭臬，主要是因為自由是歷經了無數艱苦的奮鬥，戰勝為了捍衛正統，而不惜大開殺戒的教會，擊敗握有絕對權力的君主，打倒對女性與政治異議人士的壓迫，推翻奴役、偏見與無知等無以計數的障礙，好不容易才爭取來的。

十八世紀後半爆發了美國革命與法國大革命，從此自由就成為自由主義（liberalism）的首要原則。政治理論家約翰·洛克（John Locke）的著作啟發了美國建國元勛，他認為自由是一個國家合法地位的終極依據：「法律的目的不是要廢除自由，也不是要限制自由，而是要維護自由，擴大自由。」可以任意地選擇政治觀點與宗教觀點，可以毫無恐懼，無拘無束地表達這些觀點，可以自由地選擇生活的地點與生活的方式，這就是自由的好處。

根據1776年發布的美國獨立宣言（US Declaration of Independence），除了生命權與追尋幸福的權利之外，人人還有一種與生俱來無可轉讓的權利，那就是自由權。除非有極為重大的理由，否則不應該限制自由權，但是自由權也不應該完全不受限制。正如英格蘭社會哲學家兼史學家陶尼（R.H. Tawney）在他1938年的著作《平等》（*Equality*）中所言：「梭魚的自由就是小魚的死亡。」一個人的自由如果完全不受任何限制的話，那就是放縱，如此一來難免會侵害到其他人的自由。那麼究竟該如何做才算是合理的範圍呢？各國政府在面臨戰爭與恐怖主義之類的外部威脅時，通

大事紀

1644	1690	1776.7	1789.7
約翰·彌爾頓的著作《論出版自由》抨擊政府審查制度	約翰·洛克的著作《政府論兩篇》（*Two Treatises of Government*）出版	美國發表獨立宣言	法國革命分子攻占巴士底監獄

常會限制公民自由，看在反對者的眼裡，這種侵害自由的做法就跟造成自由受限的外部威脅一樣可怕。

積極自由與消極自由

沒有一種現代自由理論能忽視二十世紀政治哲學家以賽亞・柏林（Isaiah Berlin）所打下的基礎。他所提出的理論其重點是兩種自由：積極自由與消極自由的主要差異。

我們都認為自由就是沒有外部的限制，也沒有壓迫。只要可以隨心所欲地做自己想做的事情，就是自由。這就是柏林主張的「消極自由」。柏林認為要衡量在何種情況下可以限制公民自由，應該以「傷害原則」（harm principle）為依據。傷害原則是維多利亞時代哲學家約翰・斯圖爾特・密爾（John Stuart Mill）所提出的理論，也就是在不傷害他人利益的前提之下，國家應該要盡量地放任人民自由。這樣一來就可以界定出個人自由的範圍，也就是一個神聖不可侵犯，不受外界干預的私人空間。這種自由始終都是社會全體人民之間的妥協。正如英國劇作家湯姆・斯托帕德（Tom Stoppard）在2002年所寫：「所謂自由的意義，就是我可以邊洗澡邊唱歌，只要聲音不會大到影響我的鄰居邊洗澡邊唱另一首歌就好。」

想像一下，一個人擁有消極自

自由的新代價

眾所皆知自由的代價就是永遠保持警覺。原本的想法是公民自由應該時時受到檢視，以免受到政府鬼鬼祟祟的行為侵害而喪失。現在的情況卻是完全顛倒過來，情報機關與執法機關採用最精密的科技監視人民，人民反倒成了政府時時戒備的對象。我們的一舉一動都逃不過無人駕駛飛機、衛星以及無數的監視攝影機的視線。我們的身體特徵都被政府用生物識別技術予以分析。我們的電腦資料都被政府一覽無遺，還記錄下來。我們的電話不時地被政府監聽，電子郵件也被監看。老大哥真的是無時無刻緊盯著我們呢！

1859	1958.10	2001.9
約翰・斯圖爾特・密爾發表「論自由」一文	以賽亞・柏林發表「兩種自由的概念」（Two Concepts of Liberty）演說	美國總統小布希對國會發表「反恐戰爭」演說

> 「任何人只要重視自由的價值，都會認為擁有自行選擇的自由，而不是依從他人代為選擇，是人類的人性不可或缺的一部分。」
>
> 以賽亞‧柏林（Isaiah Berlin），1969年

由，卻沒有財富、教育之類的有形與無形資源可以行使自由，這樣的人算不算是完全自由？假設有些事情你應該做，也願意做，卻因為缺乏某些必要的資源，或者因為缺乏某些性格或是眼光而沒能去完成，那麼你所缺乏的就是柏林所謂的「**積極**自由」（positive freedom），也就是一種權力或是自主權，可以實現潛能，實現你的宿命。

柏林認為積極自由的問題就是出在假定每個人都有「宿命」，也就是說只要人性的「正面」取勝，就應該要遵循的某種正確的道路。如此說來，人性似乎有某種特質，自會判斷正確的行為，而展現這種特質的人就是自由的人。可是誰又知道這個宿命、這個特質到底是什麼？柏林擔心掌權者（多半是一些有遠見的人以及狂熱份子）一旦認定「正確的道路」，就會鼓勵其他人盡情地展現「正面」（並且隱匿他們最壞的一面），以為這麼做對其他人來說就是最好的選擇。這種家長式的政府極有可能會迅速地演變成暴政，為整個社會制定目標，要求人民依循某種生活方式。到了這個地步，掌權者不久就會開始「忽視人民真正的願望，以代表（人民）的『真實自我』當藉口，欺凌、壓迫以及折磨人民」。柏林之所以非常不信任積極自由，就是因為二十世紀的幾場大災禍，尤其是史達林時代蘇聯令人髮指的極權主義統治，有些人倒是認

大膽自由的推敲

「給我憑著良心去知曉、發言、議論的自由，這是至高無上的自由。」英格蘭詩人約翰‧彌爾頓（John Milton）在1644年的著作《論出版自由》（Areopagitica）裡慷慨陳詞，抨擊審查制度，這段話是爭取言論自由與表述自由最擲地有聲的言論。約翰‧斯圖爾特‧密爾接過爭取自由的大旗，在1859年的文章「論自由」（On Liberty）中提醒世人要小心一種懷抱偏見與抑制思考的風氣，這種風氣不鼓勵大家去質疑、去批評社會中普遍所接受的道理。「最活躍、求知慾最強的知識分子」不敢針對「最高深的題目進行大膽自由的推敲」。德國哲學家伊曼紐爾‧康德（Immanuel Kant）也在先前主張知識分子需要自由，才能完全成熟：「思想的啟蒙需要的就只是自由，這種自由是最無害的自由，也就是公開討論所有事情的自由。」英格蘭作家喬治‧歐威爾（George Orwell）給自由下的註解最為簡明扼要：「自由就是有權把別人不想聽的話說給他們聽。」

為積極自由有助於個人蛻變與自我實現。

捍衛自由

實踐自由與捍衛自由往往是一條崎嶇不平的道路。就連自稱「高舉自由火炬」的美國在宣布獨立之後，還是實施了將近一百年的合法奴隸制度，非正式的蓄奴行為更是延續到二十世紀，有損「自由火炬」的美名。法國同樣是自由的偉大堡壘，1789年革命分子攻占巴士底監獄時，巴黎的一家報紙歌頌「平靜且神聖的自由」，沒想到僅僅四年之後，就變成羅伯斯比（Robespierre）的恐怖統治。他把反對派清除一空，大約有一萬七千人被他指為反革命分子，並將之送上斷頭臺處決。

激進派作家兼社會運動參與者湯瑪斯・潘恩（Thomas Paine）在1795年寫道：「想要保障自己的自由，就要連敵人的自由也一起捍衛。」可惜後來沒有幾個人記住他

「那些願意犧牲不可或缺的自由，換取一絲絲暫時的安全的人，不配得到自由，也不配得到安全。」

班傑明・富蘭克林（Benjamin Franklin），1755年

的話。法國革命分子把公民自由擱置一邊，說是為了壓制國內的反革命分子，還要對抗外國的軍事威脅。說來悲哀，後來的幾個政府雖然都自稱熱愛自由，卻還是仿效法國模式，忘了第四任美國總統詹姆士・麥迪遜（James Madison）的警告：「歷史上抵禦外國威脅的手段，最後都變成國內暴政的工具。」2001年9月，伊斯蘭分子掀起九一一攻擊事件，麥迪遜的後繼者小布希總統（George W. Bush）宣告反恐戰爭開始：「這是文明對抗文明的戰爭……這場戰爭屬於每一個相信進步與多元，相信包容與自由的人。」這場戰爭原本應該要開啟「自由時代」，但是開戰之後的幾年，「公民自由」與「人權」也在傷亡名單之列，因為美國公然違反國際法律，制定了壓迫人民的法律，所謂的「敵軍戰鬥人員」也慘遭虐待、拷打等「非比尋常的不人道待遇」。

一言以蔽之：為自由奮鬥

O2 正義

我們看見兒童在血汗工廠裡做苦工，明明是生活在食物不匱乏的國家中，卻活活地餓死，都覺得這是嚴重地違反正義。我們看見有人因為負擔不起天價的藥物而死於愛滋病，或者未經審判就遭受酷刑或監禁，也會覺得這些都是有違正義。我們似乎天生就有一種正義感，更精確的說法是很能察覺不公不義的事情，這幾乎是一種本能。要給正義一個定義也許不容易，不過我們看到正義的事情，或者應該說看到不正義的事情，似乎馬上就能明白。

我們對違反正義的事情很敏感，之所以會敏感，往往是因為我們可以清楚地察覺到一個人遭受的苦難與應得的待遇（或者權利）有多麼地不相稱。平衡或是比例的觀念與正義的關係相當的古老，至少可以追溯到柏拉圖（Plato）與亞里斯多德（Aristotle）時期。法律執行的正義則是以拿著秤的正義女神作為代表。

希臘人談正義

柏拉圖提出一個相當特別的理論，在他的著作《理想國》（*The Republic*）闡述得最完整。他把他想像中的理想國的正義，與人民的高尚道德相提並論。國家的正義存在於三種階級的人民（統治者、保護者與生產者）當中，三種階級各司其職，形成一種適度的平衡，也就是社會和諧。同樣的道理，個人的道德福祉也是取決於靈魂的三個部分（理智、情緒與慾望）的適度平衡，也就是內在和諧。柏拉圖認為和諧就是正義，所以國家的福祉與國家體現的正義是不可分離的，或許可以說國家的福祉就是國家體現的正義。許多後來的政治理論或多或少也將正義奉為至高無上的政治情操。

大事紀

約西元前**375**	約西元前**350**
柏拉圖主張「和諧即正義」	亞里斯多德認為正義的一大關鍵就是相同處境的人應該得到同樣的待遇

正因如此，像羅馬政治理論家西塞羅（Cicero）就主張正義是「至高無上的榮耀」、「最尊貴的情婦與王后所有的美德」。

亞里斯多德也認同平衡與比例的觀念，認為正義的本質就是「得到應得的待遇」。不管在生活上還是在法律上，只要一個人承受理當承受的命運，並因而得到應該得到的待遇，就

> 「正義就是永遠堅持給予他人應得的待遇。」
>
> 東羅馬帝國皇帝查士丁尼一世
> （Emperor Justinian），西元第六世紀

符合正義。這種正義就是所謂的「分配正義」（distributive justice），一般而言就是以公平正義的方式，分配社會有限的資源、利益與負擔（包括權利義務）。國家要想長治久安，分配正義（還要有明確的表現）必不可少。法國啓蒙運動哲學家德尼‧狄德羅（Denis Diderot）很清楚這一點，他說：「正義是統治者的首要美德，能讓受統治者不再埋怨。」

不偏不倚

正義女神手上拿著秤，又蒙上眼睛，這代表正義女神論斷是非必須客觀平衡，並且還得毫無偏袒，不看（約瑟夫‧艾迪生（Joseph Addison）所說的）「黨派、朋友（以及）親屬關係」。而要想做到毫無偏袒，就必須不理會所有人力無法控制的差異，如膚色、出生地等等。不過並不是無視所有的差異就叫做正義，也不是對所有的人都一視同仁就叫做平等。也許我們都認為在原則上，相同的人應該得到相同的待遇，問題是世界上並沒有完全相同的兩個人，所以每個人所應得的待遇也就不盡相同。真正的正義是在所有重要的層面上處境相當的人，都能得到平等的待遇。換言之，**除非**有正當的理由，否則就應該給予平等的待遇。

我們如果想得深入一些，當然就會遇到難題。第一，我們得思考平等是什麼。機會均等（equality of opportunity）與結果平等（equality of outcome）是截然不同的兩

1971
約翰‧羅爾斯提出「公平即正義」的理論

2009
阿馬蒂亞‧森主張正義具有多種面貌

長笛的寓言

三個小朋友為了爭一把長笛起了爭執。安妮說長笛應該歸她，因為三個人裡面只有她會吹笛子。第二個小朋友鮑伯說他的家境貧寒，沒有玩具可以玩，所以長笛應該給他。第三個小朋友卡拉說她才應該是長笛的主人，因為這長笛是她做的。長笛到底應該歸誰？表面上看來，三個小朋友都言之有理，所以要做出公正的裁決，除了需要仔細地協商外，還要認真考量所有相關的因素。最後的決定要看「三個小朋友的需求」、「音樂表演」與「濟貧」這三個因素孰輕孰重。

長笛的故事是諾貝爾獎得主，印度經濟學家兼哲學家阿馬蒂亞·森（Amartya Sen）在他2009年廣受好評的著作《正義的概念》（*The Idea of Justice*）裡頭提到的。他認為這個寓言的重點是沒有一種答案在客觀上來說是絕對「正確」的。要做出所有的人都能接受的公平決策，需要的不只是原則，還要有公共討論與論證。抽象的正義是很難被定義，也很難加以實踐，現實世界中違反正義的事情卻是明確與急迫的，而且往往是可以予以匡正的。如果我們參與公共討論，「把真實的人生互相比較」，就可以消除不公不義，正義就能有長足的進步。阿馬蒂亞·森認為正義不是一大套抽象的原則。他認為有許多互相衝突的正義，其背後應該是有許多互相衝突的原則。「我們之所以會採取行動，不是因為覺得世界並非百分之百正義，很少人指望世界能達到這種境界，而是覺得我們身邊顯然有一些違反正義的事情，是可以加以補救的，而我們希望能夠消除這些不公不義。」

件事情。就算每個人都擁有均等的機會，最後在社會上的地位也依然會出現差異很大的現象，因為每個人的才能與運氣並不盡相同。另外還得仔細思考究竟需要符合哪些重要的條件，才可以避免使用公平分配的方式來行使對社會的權利與義務。一個人的技能比別人高超、腦袋比別人聰明，又比別人更願意刻苦耐勞，是不是就應該得到更多的報償才算是公平呢？還是說一個正義的社會就應該要負責消除因為我們的天賦差異所帶來的不平等呢？

「正義是人性的首要條件。」

奈及利亞作家渥雷·索因卡（Wole Soyinka），1972年

約翰·羅爾斯以及「公平即正義」的觀念

關於正義的辯論，美國政治哲學家約翰·羅爾斯（John Rawls）在二十世紀後半

「我們的第一步並不是想像一個完全正義的社會的景象，而是先研究有哪些違反正義的事情還來得及予以補救，而大家也一致認為應該加以解決。」

阿馬蒂亞‧森，英國衛報（Guardian），2009年7月

提出最重大的觀點。他在1971年的著作《正義論》（*A Theory of Justice*）也主張社會正義的概念也應該包括公平。他認為如果社會制度的基本原則偏向特定團體（比方說某個社會階級，或是某個政黨），那麼這個社會制度自然就是違反正義。

羅爾斯的理論最具影響力的地方，就是回答了「要符合哪些重要條件，才可以不用給予所有人同等待遇」的問題。他認為被一種假想的「無知之幕」（veil of ignorance）擋住視線，看不見所有個人利益與效忠對象的人，只為了保障自己未來（未知）的利益，會認同他所謂的「差異原則」（difference principle）。所謂「差異原則」，就是必須要能改善社會最貧窮的人的生活，才可以用不公平的方式分配稀有商品與稀有資源（如金錢、權力、醫療等等）。舉個例子，降低有錢人的稅賦如果有助於改善最貧窮的人的生活，那就可以接受，也符合正義。羅爾斯的「差異原則」顯然可以作為社會最富有的人與最貧窮的人之間巨大差異的正當理由。他主張的社會正義一直都是激烈爭論的焦點，有人叫好也有人反對。

一言以蔽之：
所有的美德當中至高無上的榮耀

03 平等

現在的政治人物不管內心的想法為何，很少敢公開支持不平等的事情。平等、自由與博愛是革命分子倡導的價值，如今平等幾乎是神聖不可侵犯的天條，更是正義的社會理當具備的條件。傑弗遜（Thomas Jefferson）在1784年寫給華盛頓（George Washington）的信中，指出美國的憲政基礎在於「人人生而平等」，從此平等一直都是政治思想與社會思想不可撼動的基石。

平等是啟蒙運動的理想，源自十七世紀後半約翰・洛克（John Locke）等人提出的政治理論。一百多年之後，1776年所發表的美國獨立宣言（US Declaration of Independence）中宣示人人生而**平等**，擁有與生俱來無可轉讓的權利，包含「生命權、自由權與追尋幸福之權」。十三年過去了，法國大革命的革命分子受到啟發，發表了「人權和公民權宣言」（Declaration of the Rights of Man and of the Citizen），以「自由、平等、博愛」為號召。

如今平等的重要性是無庸置疑，所以我們很容易忘記其實平等的觀念是近代才興起，而且只有在局部地區受到歡迎，再說平等的落實情形也是差強人意。啟蒙運動思想家所倡導的理想化的平等，在很多方面都是世俗思想在對抗所謂的「上帝之前人人平等」的觀念。在啟蒙運動之前的一千年，人類事務深受「上帝之前人人平等」的觀念的主宰，人與人之間（也包括女性）固有的嚴重不平等也深深影響人類事務。即使到了現在，在實施神權政治、軍權政治等非民主政治的非西方國家，出身、階級與性別（還有其他原因）所造成的不平等待遇依然是根深柢固的準則，根本不會想要追求

大事紀

1690	1776
約翰・洛克的著作《政府論兩篇》（*Two Treatises of Government*）出版	美國獨立宣言宣告人人具有無可轉讓的權利

西方自由派所推崇的那種平等。

機會均等

奧地利出生的政治理論家與經濟學家弗里德里克‧海耶克（Friedrich Hayek）在1960年影響深遠的著作《自由的原理》（*The Constitution of Liberty*）中，精闢地闡述了關於平等的一個耐人尋味的問題：

人與人之間的差異很大，所以如果人人得到平等的待遇，其結果反而會造成真正的不平等。唯一能讓人人狀況平等的辦法，就是尊重每個人與生俱來的差別待遇。因此法律之前的平等與實質的平等並不相同，甚至於是互相矛盾的。

天底下沒有完全相同的兩個人。海耶克認為「人人皆平等」的主張是完全錯誤的，是異想天開的，這只是一種來自其意識型態所驅使的一廂情願的想法。上天賦與每個人的才能是南轅北轍，所以如果按照古典自由派要求的最低限度，給予每個人「法律之前的平等」，也就是同樣的基本權利與法律權利，那就難免造成個人的社會情況與經濟情況產生很大的差異。像海耶克這樣的自由派追求的平等叫做**機會**均等，也就是排除所有會妨礙一般人善用天賦，把潛力發揮到極限的人為障礙，比方說出身、種族、性別等等。然而一個正義的國家在排除這些障礙之

應得待遇

英格蘭作家阿道斯‧赫胥黎（Aldous Huxley）1927年的文章「平等的概念」（The Idea of Equality）指出「平等待遇」與「應得待遇」之間難免會有拉鋸的情形產生：「人與人之間有兄弟情誼，並不代表人人就一定平等。一個家裡有傻瓜也有天才，有聖人也有敗類……一個人應該給予兄弟應得的友愛與公正待遇，但是每個兄弟應得的待遇不盡相同。」人不是複製品，天底下不可能會有兩個完全相同的人。常常有人將公平與平等相提並論，公平的意思應該是衡量一個人的功過，給予他應得且公正的待遇。除非兩個人的功過相等，否則不應該得到平等的待遇。

1960
弗里德里克‧海耶克的著作《自由的原理》出版

1989
蘇聯與東歐的共產政權垮台

2007
全球「信用緊縮」重創自由市場資本主義

後，就不該再出手干預。人民的生活狀況在某些方面勢必不平等（財富、地位、權勢等等的不平等），國家不應該為了抵銷這些不平等，就干預人民的權利與自由。所以海耶克主張的平等是指平等的競爭環境，而不是主張所有的競爭者施展天賦之後，都能得到相同的報酬。

邁向條件平等

所以自由派主張的平等是一種功績主義。國家只要負責提供平等權利與自由的制度，讓人民可以經由天生的才華和努力，晉升顯赫的地位，也就是晉升到不平等的地位。這種主張可以接受菁英階級出現，但是菁英的定義並非像以前一樣是指出身、財富優於眾人，而是成就高人一等，也就是高成就的菁英組成的「統治階級」。

然而這樣一來馬上就有問題。要是以為光是清除種族、性別之類的人為障礙，就足以讓具有天賦的人一展長才，那也未免太天真了。沒有幾個現代國家會認為光是這種最低限度的干預就能實現公平。人民享有的實質自由顯然受到許多因素限制，自我

是四不像，還是毒藥？

有些國家就算原則上認同平等的理想，文學作品與政治思想也屢屢提及平等在現實生活是遙不可及。在安東尼・特洛勒普（Anthony Trollope）1876年的作品《首相》（The Prime Minister）中，奧寧姆公爵（the duke of Omnium，也就是書中的首相）哀嘆：「有一個好的字眼，代表一個偉大的想法，卻被逐出好人的語言之外。我們要是能實現平等，那將宛如置身天堂。」在英格蘭作家喬治・歐威爾（George Orwell）1945年的作品《動物農莊》（Animal Farm），一群豬暴君的話聽來格外諷刺：「所有動物都是平等的，只是有些動物比其他的動物更平等。」在歐威爾1949年的作品《一九八四》（Nineteen Eighty-Four），神祕的伊曼紐・高斯登（Emmanuel Goldstein，影射歷史人物托洛茨基（Trotsky））說：「哪怕財富擴增、風氣提升，改革與革命接連發生，人類的平等都沒有一絲一毫的進步。」對於「平等有沒有可能實現」、「平等是不是一件好事」這些問題，哲學家向來各執己見。柏拉圖（Plato）將民主政治譏為「一種很吸引人的政府，將平等帶給地位相當的人，也帶給地位不相當的人」，這也是那個時代的希臘人普遍的想法。德國哲學家尼采（Friedrich Nietzsche）大力推崇他眼中的超人，就是一個渴望變得更強大的英雄，一心想要超越受到束縛的芸芸眾生。尼采對平等的概念很反感：「平等的思想啊！……世上沒有比這個更毒的毒藥了。平等看似得自正義的真傳，其實卻是正義的墳墓。」

成就也因此連帶地受到影響。這些因素包括小時候家境貧困、教育環境不佳、缺乏社會救濟等等，因而造成種種撕裂社會的嚴重結構性不平等。除了最死硬的古典自由派之外，其他人都認為國家應該採取**某些**積極作為來消除不平等，進而給予人民公平的環境。至於國家應該干預到什麼程度，世人始終沒有達成任何共識。諸如國家的教育制度、福利制度以及透過重新分配的稅制降低貧窮等等措施，經常引發激烈的爭執，掀起政治塵埃的巨大烏雲。

> 「一些人不快樂總比大家都不快樂來得好，社會要是全面平等，那大家都不快樂。」
>
> 塞繆爾・詹森（Samuel Johnson），
> 摘自詹姆士・包斯威爾（James Boswell）著作
> 《詹森傳》（*Life of Samuel Johnson*），1791年

這種爭議的核心是一種觀點，也就是人與人之間的社會差異與經濟差異，是來自（或是應該說多半來自）家庭、文化、背景等等無法控制的因素。既然這些因素無法控制，當然也就不適合作為衡量一個人的功過標準，所以自由派那種「功績是生活環境不平等的正當理由」的想法，也就大有問題。公平社會的觀念在政治光譜上是向左傾斜的，傾向依照各人的需求（而不是功績）分配資源，而國家的責任在於消除結構性的不平等，增進人民社會條件與經濟條件的平等。

社會主義政治理論特別重視條件的平等，二十世紀共產主義版圖擴張，也實現了條件平等。共產政權受到馬克思的名言「各取所需」啟發，推動社會工程與中央計畫經濟，力求所有人民齊頭一致。這些措施往往以失敗收場，共產政權從1989年開始崩解，似乎坐實了自由派所主張的平等才是正道，也證實了美國經濟學家米爾頓・傅利曼（Milton Friedman）1980年的名言：「一個認為平等（結果平等）比自由重要的社會，到頭來就會是平等與自由兩頭空。」不過自由派必勝的信念都很短暫，因為接下來幾十年全球資本主義屢屢受創，澆熄了必勝的念頭。法國作家阿納托爾・法郎士（Anatole France）在1894年的小說《紅百合》（*Le Lys rouge*）出言諷刺：「冠冕堂皇的平等天條……規定不管是窮人還是富人，一律不准睡在橋下，不准在街上乞討，不准偷麵包吃。」在二十一世紀初經濟趨緩的世界，這種言論讓人感覺到格外深刻。顯然圍繞在平等這個議題周遭種種的爭議一時半刻還無法結束。

一言以蔽之：所有動物皆平等……

04 人權

> 人權是我們的政治意識當中根深柢固的觀念。我們現在大致認為我們理當可以享受某些好事，避開某些壞事。我們認為任何人不管在何時何地，都有權享有許多權利與豁免權，這些權利的範圍很廣，而且還不斷擴張。之所以能享有這些權利，僅僅是因為我們生而為人，理當享有做人的尊嚴。

根據在1945年成立的聯合國基本大法「聯合國憲章」，聯合國全體會員國宣誓要致力「不分種族、性別、語言或宗教，增進並激勵對於全體人類之人權及基本自由之尊重」。雖然實際執行的成績差強人意，不過聯合國在接下來的幾十年還是訂定了許多協議與公約，朝著增進人權的崇高理想前進，從此不只是國際法將人權奉為圭臬，許多國家的法律與憲法也納入尊重人權的原則。「人權是否符合國際社會標準」已經成為衡量一個政府具備正當性與否的準繩，而全球各地的反對團體則是以尊重人權為號召。像國際特赦組織（Amnesty International）與人權觀察（Human Rights Watch）之類的非政府組織大量湧現，遊說各國正視人權，對抗各地的濫權行為所導致的剝削、壓迫、迫害與剝奪人類尊嚴等等問題。

生命與自由之外

現代人權的概念（只是起初並非稱做「人權」）主要是源自英格蘭政治理論家約翰‧洛克（John Locke）的作品。1688年英格蘭光榮革命（Glorious Revolution）推翻了專制的國王詹姆斯二世（James II），在革命結束之後，洛克主張人類生來有權享有某些權利，這些權利是人性的產物，所以是人類與生俱來的權利，既不可剝奪

大事紀

1690	1776	1789
約翰‧洛克的著作《政府論兩篇》（*Two Treatises of Government*）出版	美國發表「獨立宣言」	法國革命分子發表「人權和公民權宣言」

（不能放棄）又普及天下（人人皆享有）。洛克主張人類生來擁有三大權利，也就是生命、自由與財產，後來傑弗遜（Thomas Jefferson）1776年起草美國獨立宣言（US Declaration of Independence），也納入這三項非常著名的權利，提出「不證自明」的真理：「凡人生而平等，擁有無可轉讓之權利，包含生命權、自由權與追尋幸福之權。」洛克主張的人權多半是消極權利（negative rights）。他主張個人有免於專制政權，免於國家干預的自由，這是為了對抗專制政治。按照他的觀點，要判斷一個政府是否具有正當性，就要看這個政府有沒有能力維護這些權利，政府要是無法維護，人民就有權利推翻這個政府。

打從十八世紀幾場大規模革命開始，西方公民社會的發展說穿了就是人權持續擴張，超出了洛克與傑弗遜設想的政治領域，邁入社會與經濟領域。維護人權原本是限制政府的權力，防範政府干預，後來卻越來越傾向積極權利（positive rights），要求

被捧得高高的謬論

關於人權最激烈的哲學辯論，是集中在人權的來源與根據。洛克認為人權來自人性，是自然法則的產物，後來幾位法國啟蒙時期哲學家將這個觀點發揚光大，特別是孟德斯鳩（Montesquieu）、伏爾泰（Voltaire）與盧梭（Rousseau）這幾位。他們的觀點最終在1789年法國大革命的「人權和公民權宣言」（Declaration of the Rights of Man and of the Citizen）表述出來。宣言的內容宣示「在權利方面，人人生來就是，而且始終都是自由平等」以及「任何政治結合的目的都在於保存人的自然且不可動搖的權利」。蘇格蘭哲學家大衛·休謨（David Hume）是第一位從哲學角度批判「自然法則」概念的人。他在十八世紀中期主張任何有規則的，以價值為基礎的東西（比方說權利）都不應該來自任何敘述的，以事實為基礎的東西（比方說世界的本質，以及世人的本性）。功利主義哲學家傑里米·邊沁（Jeremy Bentham）批評的力道應該是最猛烈。他在1795年寫道：「天賦人權說穿了就是一派胡言，所謂與生俱來不可動搖的權利根本就是誇張謬論，一種被捧得高高的謬論。」他認為權利是「法律之子」，來自人類的常規，而且就像任何東西一樣，必須能發揮功用，或者能創造幸福，才有其存在的理由。

1945

聯合國憲章正式簽署

1948

聯合國發表「世界人權宣言」

永無止境的奮鬥

人權雖然是普世價值，但是人權的落實卻絕非普及。種族滅絕、種族淨化、戰爭犯罪、酷刑、販賣人口，以及未審先監禁等，種種數不清的倒行逆施的行為在世界的每一個角落上演著。就連歐美國家這些所謂的人權的堡壘，都曾經拿「非常狀態」或是「國家安全受到威脅」當藉口，不把人權當一回事。世界秩序的結構性問題導致國家之間財富分配嚴重不平等，也催生了許多與發展、環境、天然資源利用等議題相關的人權。全球化的力量也造就了巨型跨國企業與金融機構大軍，財力往往雄厚到令各小國望塵莫及。這些巨擘效忠的對象一般都是投資人與股東，並不是當地的人民，也不是其他外部利益團體。聯合國人權委員會（UN Commission on Human Rights）特別調查員齊格勒（Jean Ziegler）在2003年點出這些巨擘所帶來的新威脅：

> 跨國企業的權力日漸高漲，又透過民營化、法令鬆綁、逼迫政府調整政策等手段來擴充其權力……顯然現在應該制定具有約束力的法律規範，以便要求這些企業遵守人權標準，進而防堵這些企業濫用其權力。

當權者採取積極行動。自十九世紀中期以來，資本主義幾乎毫無節制地自由發展，點燃了工業化浪潮，勞工落入駭人聽聞的貧苦困境。有些國家開始落實福利權利，也是為了要對抗勞工所承受的剝削，只是落實的程度實在有待普及。從此新一波積極的福利權利誕生，也包含享有各種社會與工作相關的福利權利，如工會代表、社會安全、最低薪資、有薪假、教育訓練和醫療等等諸多福利。

光吵架沒結論

自從權利開始擴張，就引發強烈反彈。大家對權利的本質與範圍的看法與意見不同，也代表大家對於「國家在社會發展應該扮演的角色」看法不一。社會主義者主張國家干預可以增進平等，也可以保護人民的福祉。相信自由市場的自由主義者則認為福利權利並不是基本權利（並不是人類的基本需求），而且福利權利會破壞資本主義，資本主義偏偏又是分配資源最有效率的制度。二次世界大戰之後，「人權」一詞正式誕生，在這之後的幾十年，社會主義與自由主義的思想鴻溝越來越明顯。

聯合國大會（General Assembly of the United Nations）1948年12月10日在巴黎通過「世界人權宣言」（Universal Declaration of Human Rights），從此人權一直都是

政治討論的核心議題。有鑑於才剛結束不久的大戰的種種暴行，聯合國大會透過這份宣言，宣示人權至上的理念，重申三年前簽署的「聯合國憲章」的承諾，並且闡述人權的理論

> 「人類一家，對於人人固有尊嚴及其平等不移權利之承認確係世界自由、正義與和平之基礎。」
>
> 世界人權宣言，1948年

基礎：「人皆生而自由；在尊嚴及權利上均各平等。人各賦有理性良知，誠應和睦相處，情同手足。」

　　「世界人權宣言」除了主張集會自由、思想自由與言論自由之類的公民權利與政治權利之外，也主張各種社會權利與經濟權利，如工作權、教育權以及參與社會文化活動的權利。西方民主國家與蘇聯集團打從一開始就各執己見，爭論這些權利孰輕孰重，這個議題在整個冷戰期間都是爭議的焦點。近來又出現另一個同樣難以化解的爭議，有人認為聯合國之類的國際組織提倡的人權偏向西方自由主義文化，沒有妥善考量區域差異。人權在最基本的定義層面上始終爭議不斷，其在執行與落實時又往往遭到濫用，因此可想而知終將是要停留在政治行動的震央。

一言以蔽之：生命、自由以及……

O5 社會契約

國家以各種方式控制我們的人生。國家的掌權者向我們收稅，收取我們的錢，以我們的名義發動戰爭。我們違反他們制定的規則，他們就會要求我們繳交罰款，或者將我們監禁起來。他們監視我們的一舉一動，告訴我們該吃什麼，哪裡才能抽菸……各種規矩一大堆。

這樣行使權力怎麼會是合法？國家存在的依據是什麼？國家的組織依據是什麼？國家又有什麼資格分配一國之內的資源、權利與責任？面對這些最基本的問題，遠至十七世紀的湯瑪斯·霍布斯（Thomas Hobbes），近至二十世紀的約翰·羅爾斯（John Rawls），幾百年來許許多多的政治理論家都認為要理解國家的合法性，最好的方法就是假設國家的機構和架構，都是建築在國家成員之間的一種默契上面，也就是「社會契約」（social contract）。

人與人之間為什麼要立契約？為什麼要訂定契約，強迫自己做自己可能不想做的事情，不然就要受罰？如果契約是公平的，那一般人就願意承擔一些義務，或是放棄一些自由，因為可以得到更有價值的報酬，所以訂定這個契約很值得。一般而言，雖然一般人可以選擇不受契約條件約束，但是他們認為訂定契約比不訂定契約更有利益，所以甘願受到約束。霍布斯等人所提倡的社會契約的條件就是我們接受國家，接受「國家有權限制我們的自由」，換來的報酬就是不必經歷沒有國家的混亂無序。

大事紀

1651	1690
湯瑪斯·霍布斯在《利維坦》主張絕對主權	約翰·洛克的著作《政府論兩篇》（*Two Treatises of Government*）出版

霍布斯與《利維坦》

　　要澈底考量契約的條件，一定要思考如果沒有這份契約的生活將會是何種狀況，才能判斷值不值得簽訂這份契約。同樣的道理，有些理論家認為應該把社會組織看成一種叫做「社會契約」的默契。這些理論家通常也是先思考，如果沒有那些限制人民的權利與自由的法令規章，國家將會變成什麼模樣。

> 「人生而自由，卻是走到哪裡都受約束。人自認是其他人的主宰，卻比其他人更像奴隸。」
>
> 盧梭（Jean-Jacques Rousseau），1762年

　　英格蘭政治哲學家湯瑪斯·霍布斯是第一位社會契約理論家，也是最偉大的社會契約理論家。他在1651年發表的鉅作《利維坦》（*Leviathan*）一開篇就勾勒一個人類在組織社會之前的假想生活狀態，他稱之為「自然狀態」（the state of nature）。霍布斯想像中的不受社會力量拘束的自然狀態生活是永無止境的悲哀黯淡。他認為生活在自然狀態的人都是獨立行動，只顧自己的喜好、利益與生存，最大的動機就是「汲汲營營追逐權力，不肯停歇，至死方休」。在自然狀態中，人與人之間向來是針鋒相對，互相競爭，毫無信任與合作可言，既沒有信任的基礎，也沒有創造繁榮的希望，

高尚的禽獸與沉睡的理智

　　霍布斯認為國家必須具有權力，才能抑制人性當中的自私與獸性。法國哲學家盧梭雖然深受霍布斯的觀點影響，卻一點都不像霍布斯這麼悲觀。盧梭最知名的著作是1762年的《社會契約》（*The Social Contract*），書中提到人類的罪惡以及其他弊病是社會的**產物**。他認為人類本是「高尚的禽獸」，生來天真無邪，只有「沉睡的理智」也心滿意足，與其他人相處融洽，共同生活，是因為教育與其他社會影響，思想才會受到汙染。盧梭這種「失去純真」與「非理智化」的思想，是十八世紀末橫掃歐洲的浪漫主義運動的精髓。

1762

盧梭在《社會契約》提出
「高尚的禽獸」的概念

1971

約翰·羅爾斯在《正義論》
主張公平即是正義

更不可能享受文明的果實，就如霍布斯所言：「沒有藝術，沒有文學，沒有社會，最可怕的是揮之不去的恐懼，還有橫死的危機。」因此霍布斯下了一個著名的結論，在自然狀態下，「生命（是）孤單、不幸、險惡、殘酷又短暫。」

　　大家應該互助合作，一起逃離霍布斯所描繪的悲慘世界，這對大家都有好處。既然如此，那生活在自然狀態的人又為什麼不願意合作呢？答案很簡單，因為按照契約行事，總是要付出代價，不按照契約反而總有好處。如果就像霍布斯所言，自身利益是唯一的道德羅盤，那就可以百分之百確定別人總會為了自身利益，不按照契約行事，所以最好的辦法就是趕在別人之前先毀約。你會這麼想，別人當然也會這麼想，所以人與人之間就沒有信任可言，於是契約成立的希望便會迅速破滅，因為長期利益絕對敵不過短期利益，於是終究無法脫離暴力與猜忌的惡性循環。

> 「鬼斧神工造就了偉大的利維坦，喚作國家，其實就是一個製造出來的人……軀殼裡面有個製造出來的靈魂，叫做主權。」
>
> 湯瑪斯・霍布斯，1651年

身陷在劍拔弩張的泥沼當中，大家要如何才能互相接納，脫離惡性循環呢？霍布斯認為問題的關鍵在於「沒有刀劍撐腰的契約只是空話」。要有一個外部的力量或者是約束力，**強制**所有人遵守對大家都有益的契約條件。大家必須願意限制自己的自由，換取合作與和平，不過條件是所有人都必須比照辦理。大家必須「把集體的權力與力量交給一個人，或者是一群人，個人的意見匯聚成集體的意見，各種意志就簡化成一個意志。」要解決這個問題，所有人都必須接受國家的絕對權力（也就是霍布斯所稱的「利維坦」），接受「一種讓所有人敬畏的力量」。

洛克的「人民同意的政府」理論

　　霍布斯提出主張將近五十年之後，另一位偉大的英格蘭哲學家約翰・洛克（John Locke）也用社會契約的觀念探討政府存在的依據。霍布斯說「利維坦」（也就是國家的權力）是「凡人上帝」，意思是說把主權賦予國家是全體人民的協議，並非像當時傳統觀念所認為的，是上帝的旨意。在這個方面，洛克與霍布斯所見略同，但是洛克想像的自然狀態（人類尚未形成社會，沒有政府也沒有法律的生活狀態）比霍布

斯所想像的樂觀得多。所以洛克眼中君主和人民之間的契約條件，也遠不如霍布斯所主張的那樣嚴苛。霍布斯認爲國家必須擁有無限的絕對權力，才能避免「全體對抗全體的戰爭」上演。洛克卻主張一種近似君主立憲的制度。洛克認爲人民同意授權給君主，是要君主運用權力爲全體人民爭取利益，君主要是沒有盡到契約所規定的責任，人民也有權收回授權。君主要是不履行契約，人民可以用強烈的手段推翻政府，如果有必要還可以叛變，這是正當（只不過也是無法回頭的）的補救措施。

在無知之幕之後

二十世紀後半最著名也是最具影響力的社會契約理論家是美國政治哲學家約翰·羅爾斯（John Rawls）。他在1971年的著作《正義論》（*A Theory of Justice*）一書中介紹一種思想實驗，顯然是依據霍布斯的「自然狀態」。羅爾斯爲了強調公平的概念對社會正義的重要性，提出他所謂的「原始狀態」（original position），也就是一種假想的情況，所有人都被「無知之幕」擋住視線，看不見所有的個人利益與效忠對象。「沒人知道自己的社會地位與社會階級，也沒人知道在天生的資產、能力、智力和力量等等的分配中，自己能分到多少。」我們被無知之幕所蒙蔽，無從得知社會要如何安排我們的命運，所以不得不小心謹慎，避免一群人得到利益，卻犧牲了另一群人的利益。羅爾斯跟霍布斯一樣，認爲身在無知之幕之後的人所做的決策，都是出自完全合理的自身利益。有無知之幕擋住我們的視線，我們就訂定契約，加入社會結構與經濟結構，也加入能確保這些結構符合正義，能在社會保持穩定與健全的契約。

一言以蔽之：社會秩序的代價

06 民主政治

過去一百年來，民主政治成為許多人眼中理想的政府制度，是一種合法正當的體制，人民可以在民主政治的政治結構與社會結構中，過著快樂、充實且負責的生活。美國總統威爾遜（Woodrow Wilson）在1917年主張建立一個民主政治能夠安全發展的世界，其中一個原因是只有民主政治才能「釋放每個人的力量」。

從那時候開始，民主政治的風潮就像野火燎原般地展開。到了2000年，全球大約有一半人口享有前所未有的高度民主的政治制度。的確，現在民主政治如此受人推崇，我們很容易忘記其實民主政治在以前所得到的評價其實是很低的，一直到近代才有所不同。在過去的兩千五百年，幾乎所有的政治理論家都極力反對民主政治，不僅反對民主政治的原則，也反對民主政治的實務。

希臘人對民主政治的看法

民主政治的負面評價源自希臘城邦雅典，也就是世人眼中的「民主的搖籃」（民主政治的英文democracy源自希臘文，意思是「人民統治」）。雅典人在西元前第五世紀發展出的治理制度，在某些人眼中是有史以來最純粹的直接民主。建立民主制度的第一步是由人民領袖克里斯提尼（Cleisthenes）在西元前507年踏出。他所推行的改革重點是議會，所有合格的雅典公民（也就是十八歲以上的雅典男子）皆可參加。議會定期開會討論國家大事，決策是以舉手表決進行，在場多數同意就算通過。

根據修昔底德（Thucydides）的著作《伯羅奔尼撒戰爭史》（*History of the*

大事紀

約西元前507	1651	1690
克里斯提尼在雅典推行民主改革	霍布斯探討國家權力與個人自由之間應該維持怎樣的平衡	洛克主張人民同意是國家主權的基礎

Peloponnesian War），雅典領袖伯里克里斯（Pericles）在西元前430年的一場葬禮悼詞中，大肆盛讚民主的雅典的好處。他列舉了許多後世的民主倡導者特別引述的民主的優點，比方說民主制度是「對多數有利，而不是對少數有利」，民主制度要求法律之前人人自由平等，而且在民主制度中，政治人物的晉升是以功績為依據，而不是以財富、階級為依據。在伯里克里斯那個時代，很多人並不像他對民主政治充滿熱情，希臘兩位重量級哲學家柏拉圖（Plato）與亞里斯多德（Aristotle）就不見得欣賞民主制度。到了下一個世紀，在雅典於西元404年被極權主義的斯巴達人（Spartan）擊潰之後，柏拉圖與亞里斯多德在著作中將民主制度斥為「天生難控制、腐敗又不穩定」。亞里斯多德發明了一種影響深遠的政體分類法，將民主政治歸類為一種反常的「政體」，一種由多數人統治，追求全民利益的理想化政治制度。相較之下，在民主國家，社會低層握有統治權，追求自己的利益，也能分配富有的人民的財富與財產。

受到抨擊的民主政治

從此不管是民主政治的支持者還是反對者，都很擔心民主政治的骨子裡帶有無政府主義。傑弗遜（Thomas Jefferson）雖然認同民主政治，卻也表達出他對民主政治的疑慮：「民主政治不過是暴民統治。」盧梭（Jean-Jacques Rousseau）1762年的著作《社會契約》（*The Social Contract*）對民主政治明捧暗罵。他說一群像神明一樣睿智的人（如果世上真有這麼一

不具有代表性的民主政治

在二十世紀之前，有許多國家自稱為民主國家，但是用現在的標準來看，這些國家其實只有少數算是真正的民主國家，原因無他，就是選舉權的限制太多。在雅典，女性、定居的外籍人士與奴隸都沒有選舉權。有些學者估計雅典的總人口當中，每十人僅有一人有資格投票。十九世紀的英國對選舉權的限制更嚴苛，即使在1832年改革法案（Great Reform Act of 1832）通過之後，選舉權的條件還是很嚴格，全英國的成年人口大概僅有百分之七有投票權，直到1928年，英國成年女性才總算擁有選舉權，英國人民終於享有普選權。

1787
美國憲法明訂美國民主政府的機制

1789~1799
激進民主政治在法國大革命期間首度出現

1989~1991
蘇聯與東歐的共產政權垮台

群人的話）會自己實行民主政治，但是「如此完美的政府不適合人間」。在現實世界，所有人皆是凡人，而非神明，所以「沒有一種政府比民主政府更容易爆發內戰與內亂」。

有人認為民主政治具有無政府的傾向，因為人民參與治理程序，卻沒有能力負責。維多利亞時代的哲學家約翰‧斯圖爾特‧密爾（John Stuart Mill）雖然認同民主政治的原則，卻也擔心人民不再「參考教會與國家的達官顯貴的話語，不再參考以領袖自居的人的意見，也不再參考書籍」所造成的「集體平庸」。據說邱吉爾（Winston Churchill）曾經戲稱，要想知道民主政治有多糟糕，最好的辦法就是跟一般選民聊個五分鐘。美國諷刺作家孟肯（H.L. Mencken）在1920年代將民主政治斥為「一種可悲的信念，相信個人的無知匯聚而成的集體智慧」。民主政治的缺失還登上大銀幕。1949年的電影「黑獄亡魂」（The Third Man）是根據格雷安‧格林（Graham Greene）的作品拍攝。在劇情的高潮，奧森‧威爾斯（Orson Welles）飾演的反派角色哈利‧萊姆（Harry Lime）對民主政治嗤之以鼻，說瑞士實施了五百年的民主與和平，就只製造出咕咕鐘。

> 「民主政治是以無能的多數人的選舉，取代腐敗的少數人的任命。」
>
> 蕭伯納（George Bernard Shaw），
> 《人與超人》（Man and Superman），1903年

對於早期的現代理論家來說，最揮之不去的顧慮大概就是所謂的「多數暴政」，這又是希臘哲學家的擔憂。密爾等人擔心多數會濫用手中的權力，把少數的權利踐踏在腳下，因為（他們認為）整個制度似乎認為多數的願望應該被實現，所以多數即有恃無恐。

代議民主的崛起

啟蒙運動的思想家提出了五花八門的思想，牽動了長久以來關於民主政治與人民主權論（popular sovereignty）的認真討論，而美國建國元勛所表達的憂慮也是討論的一部分。湯瑪斯‧霍布斯（Thomas Hobbes）在英格蘭內戰結束後不久，於1651年提出一個關鍵的問題，給後來的許多理論點出了方向，也回應了某些人對於「多數暴政」的憂慮。他說國家需要保護個人的權利（還要保護其他的東西），所以擁

有主權，那應該如何約束主權，才能防止有人濫用主權，限制人民的權利呢？四十年之後，約翰·洛克（John Locke）主張唯有經過受統治者的同意，政府才能握有主權，也才能限制受統治者的自由。因此原本是討論「人民與國家之間應該維持怎樣的關係」，就演變成討論「權利與權力之間應該維持怎樣的平衡」，也就是國家的權力與個人的權利之間應該維持怎樣的平衡。

美國與法國先後爆發兩場以鮮血為代價贏得的革命，加快了討論的進度，後來又過了好幾十年，這

如果其他手段都無效……

現在幾乎所有人都一致認為民主政治是最好的政治制度，這種一面倒的情形強烈到在許多政治言論中，「民主」幾乎就等於「合法」。「民主」一詞簡直就像一種圖騰，很多壓迫人民的獨裁政權都自封為民主政權。舉個例子，以前的東德是個強硬派一黨專政的國家，正式名稱卻叫做「德意志民主共和國」。坦白說，民主政治在近代之所以成功，或多或少是因為其他的政治制度都令人失望。邱吉爾在1947年對英格蘭下議院演說，發表一句名言：「除了其他那些不時試行的政治制度之外，民主政治是最糟糕的政治制度。」不到五十年，民主政治的主要勁敵共產主義就在俄羅斯與東歐垮台。

個討論才終於有了結果，出現了一種符合憲法又有代表性的民主政治。約翰·斯圖爾特·密爾的父親詹姆斯·密爾（James Mill）將這種民主政治稱之為「現代的偉大發現」。新的民主政治經過多年發展，如今更臻完備，霍布斯當年提出的「如何限制權力」的關鍵問題，如今也得到明確的答案。新的民主政治設置了許多政治機制，如定期選舉、政黨提名候選人彼此競爭等等。這種代議民主制度要求統治者必須對受統治者負責，因此握有最終權力，能控制政治程序的還是受統治者。

一言以蔽之：多數統治或多數暴政

07 君主政體

在二十一世紀，多數人並不認同君主政體，也就是「至高無上的政治權力歸於一人，往往只因為此人的父親先前享有類似的特權」的政府制度。重視能力與操守更勝於貴族血統與名門出身的人，通常不見得支持國王、女王、皇帝與蘇丹這些光是繼承統治權，而非贏得統治權的君主。

全世界大約兩百個主權國家當中，目前有四十四個（不到四分之一）實行君主政體。其中英國和另外十五個國家屬於大英國協（Commonwealth of Nations），擁有同一位君主，也就是伊莉莎白二世女王（Queen Elizabeth II）。除了沙烏地阿拉伯、阿曼、卡達、汶萊與梵諦岡等少數國家之外，在大部分實施君主政體的國家當中，君主的政治權力是有名無實，不然就是嚴重受到法律限制，真正的政治權力掌握在他人手裡，通常是某種國會，而君主扮演的主要是象徵性或形式上的角色。不過這是比較近代的情形。在人類的歷史上大部分的時間裡，君主政體都是主流政體，君主行使的權力往往很大，幾乎完全不受限制。

君主政體的起源

君主政體就跟任何一種政體一樣，需要一段時間發展，一面鞏固地位，一面發展出獨特的政府結構與制度。在此同時，君主政體也編織關於自己的起源與王朝的神話，創造一種能提供正當性，能讓君主政體代代相傳，生生不息的邏輯。然而在君主政體建立之初，就必須要有某種更為迫切的社會需求或緊急情況，君主政體以及某位君主才能有存在的正當理由。

大事紀

1651	**1688**	**1690**
湯瑪斯・霍布斯的著作《利維坦》（Leviathan）主張君主擁有絕對權力	光榮革命在英格蘭建立了君主立憲制	約翰・洛克的著作《政府論兩篇》（Two Treatises of Government）主張政府應該經過人民的許可才能成立

古代幾乎遍地都是衝突與戰爭。衝突與戰爭的目的是奪取或保衛富饒的土地，以及爭奪貿易路線等等。戰場上的勝利往往決定了國家的生存與繁榮，所以一個人得到掌權的地位，有機會成為君主，通常是因為精於戰鬥，也擅於領導軍隊。要想在不毛之地生存，也必須以有效率、有秩序的方式分配農地與淡水，所以一般認為古代中國、埃及與巴比倫是因為有能力建設並管理灌溉系統之類的重要基礎設施，才得以建立君主政體。君主政體非常重視某些技能與個人魅力，所以大部分早期的君主政體可能最初是以某種選舉產生，大概是從既有的貴族菁英中選出。

從武力優勢到絕對權力

從希臘化世界的亞歷山大大帝（Alexander the Great）以及第一位羅馬皇帝奧古斯都（Augustus），到查理大帝（Charlemagne）以及中世紀的幾位以武力取勝的君主，武力優勢始終是建立君主政體的先決條件。綜觀整個中世紀，君主通常必須親自領軍作戰，如果能凱旋歸來，那強勢領袖的地位就會更穩固，更能抵禦意欲奪權的貴族的陰謀，也更能對付教會的敵對勢力，英格蘭國王愛德華一世（Edward I）與亨利五世（Henry V）皆屬此例。王權的穩定來自君主與貴族之間的一種行為規範，君王與貴族都必須遵守一套複雜的「權利與義務」制度。

> 「我們必須給予王權至高無上的尊崇……王權的生命來自王權的神祕。我們絕對不能把魔法攤在陽光之下。」
>
> 沃爾特·貝吉哈特，
> 《英格蘭憲法》（*The English Constitution*），1867年

從文藝復興時代開始，到現代初期的這段時間，世界趨勢偏向統一，歐洲君主紛紛派遣船隊探索世界，鼓勵新形式的貿易，建立官僚制度協助統治與徵稅，又一再擴充軍隊以擴張版圖，贏得榮耀與威望。諸如神聖羅馬帝國皇帝查理五世（Charles V，也就是西班牙國王查理一世）以及英格蘭國王亨利八世（Henry VIII）與女王伊莉莎白一世（Elizabeth I）這幾位十六世紀的偉大君主，都致力於統一王國的版圖，加強

1789

法國大革命終結了法國波旁王朝的絕對王權

1917~1922

第一次世界大戰之後，帝國政體紛紛垮台

對領土的控制。權力的集中化在「太陽王」法國國王路易十四世（Louis XIV）統治期間達到高峰。路易十四本人也成爲絕對君主政體的象徵。他在法國擁有無限的統治權，不受貴族與教會影響。據說他在1655年發表名言「朕即國家」，將君主與國家合而爲一。

戰爭與革命的傷亡

所謂的絕對王權時代在1789年戛然而止，法國大革命終結了法國波旁（Bourbon）王朝的絕對王權，不過王朝傾覆的種子早在很久以前就已經種下。英格蘭國王查理一世（Charles I）以「君權神授說」作爲獨裁統治的藉口，後來在1649年遭到處決，不久之後湯瑪斯・霍布斯（Thomas Hobbes）提出支持絕對王權的理論，只是認爲王權與神無關。他認爲唯有讓至高無上的君主擁有完整的統治權，才能抵禦時代的混亂無序。這個觀點後來被約翰・洛克（John Locke）反駁。洛克認爲統治權必須經由人民同意才能給予，如果君主沒有顧及人民的利益，那人民也有權收回君主的統治權。英格蘭在1689年頒布權利法案（Bill of Rights），明定君主不得逾越法律，也等於給了「君權乃是神授，不得受到法律挑戰」的觀點致命的一擊。

人民的聲音（如果有人聽的話）也不見得都是要民主政治，或是要君主下台，畢

人間至高無上的地位

自古以來，君主都希望將自己的統治權塑造成神聖的權利。有些君主由人民尊奉爲神，像埃及法老、羅馬皇帝、日本天皇就是這樣的例子，有些君主則是自稱是上帝親自指派的代言人。「君權神授說」是中世紀出現的概念，意思是說君主享有上帝直接賜予（並非由人民賜予，也不是由教會間接賜予）的無限且絕對的政治權力。根據這個觀念，君主只需對上帝負責，而反對君主的統治（也就是反叛）就是背叛上帝，會下地獄受罰。英格蘭斯圖亞特（Stuart）王朝的國王詹姆士一世（James I）1610年對國會發表演說，極力鼓吹君權神授說。他說：「君主政體在世間擁有至高無上的地位，因爲君主不僅是上帝在人間的代言人，坐在上帝的王座上，就連上帝都稱君主爲神。」「神授君權」的理論是詹姆士一世之子查理一世與英格蘭國會之間爭執的焦點。爭執演變成內戰，最後導致查理一世遭到處決。神授君權在查理二世（Charles II）統治時期短暫復活，最後被1688年的光榮革命（Glorious Revolution）熄滅。

竟拿破崙的王權統治是一個以民族主義爲基礎的君主政體，自稱得到人民的許可，所以有正當性。儘管如此，還是可以聞到改變的氣息，社會動盪與戰爭失利導致十九世紀與二十世紀初爆發一連串革命，俄羅斯帝國、奧匈帝國、日耳曼帝國與鄂圖曼帝國就此走入歷史。

> 「一人統治最大的缺點，就是獨裁君主往往會變得妄自尊大，如果君權是世襲的，那還有可能會生出無能的後嗣。」
>
> 安東尼・昆登（Anthony Quinton），1995年

現今的君主政體

能夠延續到二十一世紀的君主政體，多半是套用了托洛茨基（Trotsky）口中的「英格蘭公式」，改採新的治理制度，君主是「在位但不統治」。到了1867年，英國王室的功能已大不如前，英格蘭經濟學家沃爾特・貝吉哈特（Walter Bagehot）說一個受憲法節制的君主剩下三項權利：「被徵詢權、鼓勵權與警告權」。

維多利亞女王（Victoria）的統治時期於1901年結束之時，她已經澈底改變了英國王室的角色，建立了一個可行的二十世紀王室的模式。國王或女王不再擁有直接政治權力，而是具有重大的象徵性影響力，成爲國家團結的象徵，愛國主義的焦點、社會凝聚的接合劑，也是團結全國的君主，代表一國的志向與抱負。從此「君主沒有實際政治權力」就成爲世人眼中君主政體的一大優點。國家元首「超然於政治之上」，這是民選總統絕對做不到的。從英國首相柴契爾夫人（Margaret Thatcher）1985年的談話，即可看出國家元首超然於政治之上的好處：「那些認爲政治人物比世襲君主更適合擔任虛位元首的人，也許應該多認識一些政治人物。」

一言以蔽之：在位還是統治？

08 暴政

> 兩千五百多年來，「暴政」一詞承擔了太多負面的包袱，如今已然成為政治詞彙不可或缺的一員。「暴政」是政治辯論與政治罵戰中用來辱罵的字眼，一般人一想到「暴政」，馬上就聯想到一個壓迫人民的專制政府。

在這種言論當中，意義上的細微差異往往都顯得含糊不清，而且通常是被人刻意弄得含糊不清。的確，在這種政治爭論中，暴政幾乎跟兩位近親「專制政治」與「獨裁統治」劃上等號。1940年，在二次世界大戰的谷底之際，邱吉爾抨擊在希特勒統治下的德國是「駭人的暴政，令人髮指的邪惡罪行罄竹難書，古往今來無人能出其右」。邱吉爾當然是希望眾人能想起納粹德國的許多負面特質，例如希特勒的嚴酷統治，以及希特勒取得政權的非法手段。

希臘人與僭主政體

「暴君」（tyrant）一詞後來的意思是僭主，或是非法奪取一個國家政權的人，比較接近tyrant原本的意思。在希臘的「僭主時期」，也就是西元前第六和第七世紀，「暴虐的」（tyrannical）是用來形容取得政權的手段，至少一開始是如此，並沒有提及統治者的品格，也沒有評價統治者執政的品質。的確，早期希臘的僭主多半都受到愛戴，是眾人眼中人民的保護者，也就是一般所說的保護貧窮的多數，對抗富有的少數。其中幾位僭主推翻執政的貴族，似乎也得到人民支持。這幾位希臘早期的僭主當中，最有名的一位是雅典的庇西特拉圖（Pisistratus of Athens）。世人對他的評價頗高，認為他所統治的雅典繁榮又守法，在他的統治之下，雅典進入黃金時代，不

大事紀

西元前第7世紀	西元前第7至6世紀	約西元前546～510	西元前第4世紀中期
希臘詩人阿爾基羅庫斯（Archilochus）最早使用「僭主」一詞	希臘僭主統治時期	庇西特拉圖以及他的兩位兒子希帕卻斯（Hipparchus）、希庇阿斯（Hippias）的僭主統治時期	亞里斯多德訂定希臘僭主政體的明確定義

僅經濟繁榮，也一躍成為全希臘知名的文化重鎮。

後來的許多僭主（包括庇西特拉圖自己的幾個兒子在內）並不像庇西特拉圖這麼明理。經過一段時間之後，他們濫權的情況越來越嚴重，僭主政體的形象也因而受損。這個汙點經過柏拉圖（Plato）與亞里斯多德（Aristotle）的哲學傳播，變得難以抹滅。兩人都認為僭主是最不理想的統治者。亞里斯多德發明了一種影響深遠的政體分類法，按照兩個標準將政體予以分類。第一個標準是統治者的人數（一個人，幾個人或許多人），第二個標準是統治者是以誰的利益為優先（統治者自己的利益，還是人民共同的利益），僭主政體也是政體的一種。按照這種分類，僭主政體是一種腐敗或異常的君主政體，而僭主是以自己利益為優先的統治者。

亞里斯多德對於僭主政體的觀點，多半是來自將僭主政體與專制主義（despotism）的觀念互相比較的結果。希臘人認為專制政體是典型的東方政體。雖然僭主政體和專制政體一樣，都是強烈反對自由（希臘人格外重視自由），兩者還是有幾個重要的差異。第一，專制君主就算擁有號令一切的權力，還是要遵守現行的法律，所以在某種程度來說，君主的地位也是憲法所賦予的。相較之下，僭主則是在奪取政權之後實施獨裁統治，憑藉個人的意志與念頭統治。因此專制政體的人民可以說是自願讓出權力，不能說是受到脅

自由專制主義

受到暴政統治的人民不見得會失去自由，至少不會直接失去自由，但是在政治言論中，反抗暴政是自由的擁護者最重大的責任。傑弗遜（Thomas Jefferson）實踐家族的座右銘「反抗暴君就是服從上帝」，在1787年宣示：「自由之樹必須不時以愛國人士和暴君的鮮血澆灌，這是天然的肥料。」這一類的嘴上功夫最厲害的是法國革命分子。羅伯斯比（Robespierre）思考恐怖統治會不會把革命分子變成專制君主，在1794年表示倘若恐怖統治是用來「嚇退自由的敵人」，那就正當合理。他說：「革命分子組成的政府，就是反抗暴政的自由專制政府。」

1775～1783	1789～1799	1922～1945	1929～1953
美國革命（American Revolution）推翻英國的「專制暴政」	法國大革命推翻法國國王的專制統治	墨索里尼與希特勒分別在義大利與德國實施法西斯暴政	史達林成為蘇聯實際上的獨裁者

多數暴政

　　阿克頓爵士在1878年寫道：「民主政治最普遍的弊病就是多數暴政。」他接下來闡述多數暴政的定義，就是多數人認為民主程序理當要實現「人民的意志」，所以就踐踏少數人的權利。多數暴政只會對民主政治造成威脅。包括埃德蒙・伯克（Edmund Burke）、亞歷西斯・德・托克維爾（Alexis de Tocqueville）以及約翰・斯圖爾特・密爾（John Stuart Mill）在內的政治理論家，以及幾位美國建國元勛，也有同樣的擔憂。憂心忡忡的傑弗遜將民主政治比喻為暴民統治，「百分之五十一的人民可以剝奪其他百分之四十九的人民的權利」。美國第二任總統約翰・亞當斯（John Adams）擔心所有的政府體系都落入多數人民的控制，在1787年寫道：「債務會先被廢除，富人必須繳交重稅，而其他人則是一毛錢的稅都不必繳，到最後多數人民會投票要求徹底平分國家的一切。」1833年，第四任美國總統詹姆士・麥迪遜（James Madison）撰文批評「那些將多數政府斥為最暴虐，最無可容忍的政府的鋪天蓋地的指責」，但是他推出權力分立制度，又實施複雜的制衡機制，就是為了要減輕多數暴政的危機。權力分立與制衡都是美國憲法的重點，而麥迪遜恰巧就是美國憲法的起草人之一。

迫，也不能說是被暴力統治。他們默許自己國家的政體，因此他們的行為並非出自恐懼，跟僭主政體的人民不同。所以專制政體通常得以長期延續，維持穩定，也沒有君主繼任的問題，僭主政體的情形則正好相反。

法律結束之時

　　後來的人對暴政的定義，就是一個人或是一群人先是非法取得權力，後來又非法使用權力。不時有人將這個定義加以引申，認為對權力的渴望就是暴君奪權的原動力，而行使權力不受法律約束，則是暴君墮落的最終原因。大威廉・皮特（William Pitt the Elder）1770年對英格蘭上議院發表演說，也呼應約翰・洛克（John Locke）先前的主張，他說：「無限的權力往往會腐化掌權者的思想，各位大人，有一點我是明白的，那就是法律結束之時，就是暴政開始之時。」

> 「法律結束之時，就是暴政開始之時。」
>
> 約翰・洛克，《政府論兩篇》
> （*Two Treatises of Government*），1690年

　　暴政的運作不受法律約束，因此與獨裁政權幾乎沒有分別，至少這是現代的想法（獨裁者原本是指古羅馬時代的獨裁官，在非常時期握有極大的權力與固定的任期，

而且必須遵守法律）。拿破崙、史達林和希特勒這幾位現代獨裁領袖之所以得以掌權，或多或少是因為個人魅力，以及迎合人民意志，藉此宣稱其

正當性。反對他們的人將他們通通斥為獨裁暴君。英格蘭作家喬治・歐威爾（George Orwell）1949年的作品《一九八四》（*Nineteen Eighty-Four*）顯示暴政往往都有奪權傾向：「權力不是手段，而是目的。人不會爲了捍衛革命而建立獨裁政權，而是會爲了建立獨裁政權而發動革命。」

極權國家

　　眼見二十世紀的幾個暴政浩大的規模以及詭異又恐怖的後果，有些人認爲這些暴政與先前的政權不僅程度不同，種類也不同，需要一個新術語才能形容。「極權主義」（totalitarianism）一詞應運而生，起初是專指墨索里尼（Mussolini）在義大利的法西斯獨裁政府，後來也用於形容納粹德國。大戰過後，德國與義大利戰敗，「極權主義」成爲內戰自由派言論的重要詞彙，幾乎是專指史達林（Stalin）時代的蘇聯。

　　這些暴政控制、指揮個人行爲與社會行爲的強大野心，確實是與先前所有的政權大不相同。一般而言，暴政的國家機器幾乎完全是圍繞著一個頗有魅力的領袖領導的政黨打轉，也發展出一套複雜又精細的官僚制度，管理社會活動與經濟活動，以及協調祕密警察之類負責監視、恐嚇與消滅（眞正或假想）的異議人士的機關。納粹與蘇聯制度最特別的地方大概就是大量運用意識型態，對抗所謂的自由派民主政治的墮落，以建立烏托邦社會。儘管如此，那種國家全面控制人民的生活直到滴水不漏，滲透人民生活所有領域的情景，其實是極權政權透過宣傳與審查制度，放送的極權主義神話。只是極權國家實際的效果，甚至極權國家是否眞如神話所形容的那樣無孔不入，在最近幾十年也受到嚴重質疑。

一言以蔽之：腐敗的君主政體

09 烏托邦主義

大衛・林伯特・勞倫斯（D.H. Lawrence）在1915年1月的一封信裡寫道：「我想聚集二十個人左右，乘船駛離這個骯髒與戰亂的世界，找一個小小的聚居地，那裡沒有金錢，大家共享生活的必需品，過著眞正像樣的生活。」勞倫斯這位小說家一心嚮往逃離到更單純、更良善的地方，因此追隨從前的許多空想家、陰陽怪氣的人（還有爲數不少思想古怪的人），想像出美好的新世界，在那個地方，人類的缺失與弱點都得以匡正，希望得以再現。

這種人間天堂的夢想，這種烏托邦的夢想，多半只存在於原創者的思想中。這種夢想通常是一種慰藉，而不是遺憾，正如伊夫林・沃爾（Evelyn Waugh）在他1942年的戰爭小說《豎起更多旗幟》（*Put Out More Flags*）寫道：「人的思想具有製造恐怖的聰明才智，創造天堂卻笨拙得很。」尤其在二十世紀，出現了一批想要以思想改革社會的人，空有雄心壯志，想法卻大錯特錯，最後的結果也完全符合沃爾的悲觀看法，展現了人類把烏托邦夢想變成活生生的惡夢的本事。

摩爾的《烏托邦》

烏托邦的英文utopia是由英格蘭學者兼政治家湯瑪斯・摩爾爵士（Sir Thomas More）創立。他的著作《烏托邦》（*Utopia*）是以拉丁文寫作，1516年出版，內容敘述一個想像出來的人間天堂，男人和女人在島上一起生活，平起平坐，是一種早期的共產社會。教育由國家提供，任何宗教都不得遭到排擠。所有的東西都由全體人民共享，黃金也不算特別珍貴，還是做夜壺的材料。摩爾也在作品中暗示在當代

大事紀

1516	1649	1888
湯瑪斯・摩爾首創「烏托邦」一詞	實踐共產路線的「掘土者」在英格蘭內戰之後崛起	愛德華・貝拉米描寫技術專家統治的未來世界的作品《回顧》（*Looking Backward*）出版

社會，「烏托邦式」的理想主義計畫是不可能實現的。《烏托邦》的開篇是一段短短的詩作，解釋他眼中的理想國「烏托邦」（Utopia一字源自希臘文，是「沒有這種地方」的意思）也可以稱之爲Eutopia（意思是「好地方」）。在摩爾那個年代，公開批評政府很容易惹禍上身，摩爾藉由《烏托邦》描寫的理想國，暗指篤信基督教的當代歐洲政治與社會層面的諸多弊病。後來的許多作家就以摩爾爲師，借用烏托邦批評社會的缺失，避免觸怒位高權重的危險人物。

漂浮的幻想

　　「是否願意接受烏托邦主義與社會進步的可能性」向來都是一條重要的分界線，線的一邊是保守派，另一邊則是社會主義者與自由派。現代保守主義的偉大先知埃德蒙・伯克（Edmund Burke）在1790年的著作《法國大革命的反思》（*Reflections on the Revolution in France*），批評那些忽視「列祖列宗樹立的制度」，跟著最近的「漂浮的幻想風氣」隨波逐流，端出浩大的社會改革計畫的人。保守派非常懷疑這種「解決所有社會問題的萬靈丹」，因為他們認為烏托邦主義者主張人類可以邁向完美，卻拿不出真憑實據。對手則批評保守派出言諷刺，輕視人類的努力與抱負。保守派要想回擊對手的批評，大可表示歷史已經一再證明，好意也有可能釀成災難。誠如美國諷刺作家安布羅斯・比爾斯（Ambrose Bierce）在1906年出版的著作《惡魔辭典》（*The Cynic's Word Book*）所言，保守派是「沉迷當今的弊病的政治家，相較之下，自由派則是想用別的弊病取代當今的弊病的政治家」。

　　次級社會團體與政治團體在既有的權力結構無法發聲，所以往往深受烏托邦思想與改變的希望所吸引。統治團體則有所不同，通常比較喜歡保持一貫，希望能維持現狀。許多像摩爾這樣的烏托邦主義者主張實行一種平等主義的共產制度，以解決財富分配不公，以及隨之而來的貪婪、嫉妒等問題。這種激進的解決方案通常在嚴重動盪的社會比較有機會成功。舉例來說，英格蘭內戰（English Civil War）時期出現許多激進團體，其中有個比較古怪的叫做「掘土者」（the Diggers），又稱「眞正的平等派」（True Levellers），喜愛空想的領袖傑拉德・溫斯坦利（Gerrard Winstanley）堅

1890	**1891**	**1932**	**1949**
威廉・莫里斯的田園散文《烏有鄉的消息》出版	王爾德的文章《身在社會主義的人的靈魂》出版	阿道斯・赫胥黎的反面烏托邦經典《美麗新世界》出版	喬治・歐威爾描寫惡夢般的極權世界的的作品《一九八四》出版

「如果沒有其他時代的烏托邦，那大家現在還赤身露體、悽慘無比地住在山洞裡⋯⋯
造福眾人的現實來自兼愛世界的夢想。烏托邦是所有進步的原則，是邁向更美好的未
來。」

阿納托爾・法郎士（Anatole France），約1900年

稱上帝創造的人間是天下人共有的寶庫，而財產制度則是人類墮落（the Fall）造成的
惡果。1649年4月，一群「掘土者」執意奪回「人人共有的土地權」，開始居住在英
格蘭薩里郡（Surrey）聖喬治山（St George's Hill）的公有地。後來也出現了許多類
似的社區，只是全都維持不久。

維多利亞時代的希望，愛德華時代的憂慮

烏托邦如今經常遭受的批評（不管是文學批評還是其他批評），就是（跟反面烏
托邦相比）無趣又乏味。完美的願景是一個千年不變的乾涸世界，人類的激情、衝突
與犯錯的能量全都流失。不過十九世紀倒是流行一個截然不同的觀點，認為在科技發
展的推波助瀾之下，追求烏托邦就是進步的關鍵。王爾德（Oscar Wilde）在1891年發
表的著作《身在社會主義的人的靈魂》（*The Soul of Man under Socialism*）也洋溢著
這種樂觀情緒。他認為理想的世界應該是一個社會主義世界，運用科技取代枯燥無味
的工作。王爾德說：「沒有烏托邦的世界地圖連看都不值得一看，這種地圖沒有人類
前仆後繼前去的那一個國度，人類一降臨烏托邦就會往外看，看見更美好的國度就會
啟航前往。進步就是烏托邦的實現。」

然而到了十九世紀末，已經有人針對永不停歇的科學發展提出警告。美國小說
家愛德華・貝拉米（Edward Bellamy）想像出一個雖然沒有階級之分，卻非常工業
化又官僚的平等主義世界。英格蘭社會主義藝術家兼作家威廉・莫里斯（William
Morris）對於這種技術專家統治的未來世界大為驚駭，在他1890年出版的作品《烏
有鄉的消息》（*News from Nowhere*）強烈抨擊。他的田園詩篇描寫一個沒有工業汙
穢，人民不分男女一律自由平等的世界。

諸如此類的焦慮在二十世紀的最初幾十年表現得更是變本加厲。樂觀的維多利
亞時代的人想像出海納百川的平等主義烏托邦，焦慮的愛德華時代的人卻設計出排

外的菁英主義烏托邦。科幻作家赫伯特‧喬治‧威爾斯（H.G. Wells）認為烏托邦的目的並不是要建立一個更美好的世界給人居住，而是要讓生活在世界裡的人更美好。有些人擔心菁英會被所謂的「深淵裡的人」（為數越來越多的低薪勞工）所淹沒，為了消除他們的擔憂，新的「科學」應運而生，號

反面烏托邦的願景

二十世紀的幾場烏托邦實驗雖然全都一敗塗地，卻也留下一個值得肯定的遺產，也就是兩部可以說是最偉大的反面烏托邦經典作品。阿道斯‧赫胥黎（Aldous Huxley）1932年的作品《美麗新世界》（Brave New World）中，社會穩定的代價是實施優生學的階級制度，人民受到藥物與洗腦控制，過著無痛的生活。喬治‧歐威爾（George Orwell）1949年的作品《一九八四》（Nineteen Eighty-Four）描寫一個惡夢般的極權世界，揮之不去的印象是「一隻靴子踐踏人的臉，永遠踩著不放」。

稱可以立即解決問題。刻意扭曲達爾文（Charles Darwin）物競天擇演化論（theory of evolution）的邪說「社會達爾文主義」（Social Darwinism）興起，主張「適者生存」的道理也應該應用在種族與社會，還拿「改良人類」當藉口，批評扶助窮人等「不適生存者」的措施違反了「正常」的階級與財富不平等，因此妨礙了生物發展必經的「淘汰」弱者的階段。優生學（eugenics）的問世更是創造了主動改良、淨化人種的機會，為了達到目的，可以動用一切手段，連強制絕育也不例外。

美麗新世界

二十世紀駭人聽聞的災難，很多都是源自「人性是實現烏托邦的元素」的想法。英國評論家麥爾康‧穆格里奇（Malcolm Muggeridge）在1968年說：「人間天堂的夢想有個問題，就是有可能會成真，屆時所有人都會明白人間天堂是個騙局。」1968年之前整整五十年的慘劇，已經證明此言不假，納粹德國的優生學與種族政策釀成慘重後果，馬克思（Karl Marx）和恩格斯（Friedrich Engels）規劃的共產烏托邦，也變質成史達林在俄國實施的農業集體化與集中營。中國的大躍進到最後也變成毛澤東那場壓迫人民、內容貧乏又鼓勵批判的文化大革命。

一言以蔽之：人間天堂或人間煉獄

10 革命

> 革命就是要一舉改造世界，一舉匡正世界的問題，革命的觀念向來深深吸引著群眾。法國大革命帶來「澈底告別過去」的機會，浪漫主義詩人威廉·華茲華斯（William Wordsworth）大為振奮，寫就詩篇：「能活在那個黎明，已屬有福，若是年輕，更勝天堂。」身兼牧師與異議分子的威爾斯人理查·普萊斯（Richard Price）也是法國大革命的仰慕者，感染了時代的氣氛，也感受到革命分子的熱誠，讚嘆「對自由的熱愛散播蔓延，眾人之事開始撥亂反正，告別君王統治，展開法律統治」。

現代的革命最完整的定義正如馬克思所言，是「以暴力推翻所有現有的社會環境」。這樣的劇變就是從一種狀態猛然變成另一種狀態。要具備革命的條件，必須要有一種現行制度，也就是一種「舊秩序」，已經失常、不受歡迎到激起民怨的地步，所以很容易被革命活動推翻。但是舊秩序也必須是現有的政治機構與社會機構組成的連貫體系，還要具有些許正當性，至少要能成為革命分子集中精神攻擊的目標。如果不具備這些條件，抗議的動機與方向就不夠連貫，不足以稱之為革命，也不能算是一種自發的起義或暴動。

同樣重要的是革命要有具體的**轉變**，要有一個既是建設性，也是毀滅性的過程，不但要清除舊秩序，還要建立一個理論上更好的新秩序來取而代之。這種對於新的開始的盼望，就像美國國徽的格言「時代新秩序」所帶來的希望，就是發動革命的最終理由，也是多少人付出高昂代價，犧牲生命、受苦受難的最終理由。革命理論上

大事紀

1789～1799	1848
法國大革命推翻波旁王朝（Bourbon）的專制統治	馬克思著作《共產黨宣言》出版

具有建設性，所以通常都會有個綱領。革命是有思想的，因爲通常都有特定的一套思想架構或思想方案作爲基礎。革命提出更美好的未來願景，所以也帶有烏托邦的理想色彩。

歷史的火車頭

1789年的法國大革命是激進革命的燦爛花朵，華茲華斯與普萊斯都見證了這把熊熊燃燒的革命之火。法國大革命是史上第一場眞正政教分離的革命，是以啓蒙運動的民族主義爲基礎，意在推翻幾百年來的絕對王權

> 「革命過後，坐在客廳裡的還是同一批人，不到一個星期，來訪的還是同一批馬屁精。」
>
> 喬治・薩威爾（George Savile），英格蘭政治人物、散文作家、哈里法克斯侯爵，1750年

和教會統治。從此「革命是推動社會變遷與政治變遷不可或缺的力量」就成爲激進派的信條，也變成保守派的擔憂。這個觀點等於是說社會要想進步，並邁向更公平、更具有生產力的境界，就必須經歷激烈的動亂。革命是掃除現有社會秩序那些過時又違反正義的制度，以及清除既得利益者最好的辦法，甚至可以說是唯一的辦法。在十九世紀中期，身爲德國移民的政治理論家馬克思（Karl Marx）與他一生的戰友恩格斯（Friedrich Engels）這兩位革命思想史上最具影響力的人物，精準地闡述了「革命是無可抵擋的進步力量」的概念。

馬克思主義的基本理念是「目前所有現存社會的歷史，就是階級鬥爭的歷史」，首次發表在馬克思1848年的著作《共產黨宣言》（Communist Manifesto）。根據這種獨特的歷史觀，人類社會的發展必須經歷一連串的經濟生產方式（封建制度、資本主義、社會主義）。每一種方式都對某個社會階級有利，而隨著每一種方式發展，統治階級（也就是越來越過時的現有經濟生產方式的既得利益者）和新興階級（注定要推翻統治者的階級）之間的衝突越演越烈，最後演變成危機或革命。過時又

1917

俄國革命爆發，羅曼諾夫王朝被推翻

1989～1991

東歐與蘇聯的共產政權垮台

未來的廚房

激越、前進的革命之所以注定要失敗，其背後有幾個因素，其中之一就是這種革命骨子裡所嚮往的是烏托邦主義，想實現遙不可及的夢想，還有一個因素就是一味地追求萬靈丹。早期最重要的革命評論家埃德蒙·伯克（Edmund Burke）在1790年的著作《法國大革命的反思》（*Reflections on the Revolution in France*）當中，譴責固執的革命派「盲目地投靠每個籌畫者，每個冒險者，每個煉金術士，每個庸醫」。一個顯著的例子就是革命派理想主義者異想天開地追求道德完美主義，而且「太討厭罪惡，所以太少關愛他人」造成的不良後果。馬克思自己向來不願意為那些按照他的思想成立的社會，規劃烏托邦的藍圖。他在1867年寫道：「我們不必為未來的廚房撰寫食譜。」可是史達林、毛澤東這些在二十世紀敗壞馬克思的名聲的人，在這方面就沒有那麼的謹慎。這些偏好中央規劃以及社會工程的革命派大師都有一種病態的傾向，也就是政治理論家亞歷西斯·德·托克維爾（Alexis de Tocqueville）在1856年所說的「他們常把人民當成抽象的群體，不屬於任何特定的社會」，因此想出非常烏托邦的計畫，數千萬人因而備嘗死亡與苦難的苦果。

壓迫他人的階級被暴力推翻。馬克思認為法國大革命就是這樣的轉變，封建君主被更具有生產力的資本主義階級取而代之。等到時機成熟，就會輪到資本主義階級（擁有財產的資產階級）被勞工階級（無產階級）推翻，無產階級會建立一個沒有階級之分的社會主義社會，政治變遷的過程也將就此結束。所以根據馬克思的分析，革命是推動歷史進程的力量，後來馬克思把革命比喻成「歷史的火車頭」。

> 「最激進的革命派，到了革命結束後的隔天，就會變成保守派。」
>
> 在德國出生的美國政治理論家
> 漢娜·鄂蘭（Hannah Arendt），1970年

全面改變與全無改變

有人將革命視為一種進步的力量，能造成永久且有益的改變，不過相對地，始終也有另一派的人抱持著比較黯淡且悲觀的看法。蕭伯納（George Bernard Shaw）在1903年說出他對革命的悲觀看法：「革命從未減輕暴政的重擔，只是換個肩膀繼續扛而已。」在這之前和之後，都有不少人有同感。尤其是在最近幾十年，修正主義的傾向非常強烈，主要是保守派的史學家主張修正對革命的看法，否定革命的好處，把革

> 「革命：突然的變革，是一種惡政……革命往往都會伴隨大規模的流血，只是據說很值得，說值得的都是那些沒有倒楣到去流血的受益者。」
>
> 安布羅斯・比爾斯（Ambrose Bierce），
> 《惡魔辭典》（The Cynic's Word Book），1906年

命看成注定失敗，而且往往還是血流成河的死胡同，絕對不是邁向進步的道路上之重大轉捩點。

　　1989年至1991年之間，東歐與蘇聯的共產政府垮台，更是驗證了這種悲觀的看法。如此看來，歷史上的幾場主要的革命（1917年的俄國革命就是個典型的例子）似乎只能帶來短暫的改變，並不能像馬克思主義所預言，能帶來永久的變遷。的確，革命最常遭受的批評就是歷史已經證明，革命所能帶來的改變其實是非常有限，就算有帶來一些改變，也幾乎總是跟原先所預期的不一樣。法國大革命與俄國革命都是歷經了一段短暫的理想主義樂觀情緒之後，來自內部與外部的壓力導致溫和派與極端派分裂，因而開啓了激進化的過程，所有的權力都落入少數人的手中。因此法國經歷了十年的流血戰爭，只是把路易十六（Louis XVI）的專制統治換成拿破崙（Napoleon Bonaparte）的專制統治。俄國也花了差不多十年的時間，才把羅曼諾夫王朝（Romanovs）的封建獨裁統治，換成史達林（Joseph Stalin）的恐怖專制統治。

一言以蔽之：搖搖晃晃的歷史火車頭

02 Part 意識型態

11 無政府主義

> 漫畫家想像出來的無政府主義者是個邪惡又下流的角色，戴著頭巾、留著鬍鬚，是個被社會遺棄的人，拿著球形的歐西尼（Orsini）炸彈，一心一意要把那些阻礙他的毀滅之路的倒楣鬼，不問青紅皂白地通通殺光。過往的幾起無政府主義者所發動的攻擊事件，倒也坐實了漫畫家的譏諷，不過無政府主義確實是引起最多的混亂與誤解的一套政治觀點。

無政府主義者的目的當然就是要實現無政府狀態。可是到底什麼叫做無政府狀態呢？在十九世紀之前，「無政府」一詞幾乎完全是負面的用語，是一種批評、謾罵政治的詞彙。舉個例子，在法國大革命時期，極端激進團體「憤怒者」（Enragés）就被人當成無政府主義者，對手認為「憤怒者」是助長漠視政府與公共道德、不尊重法律，還有濫用財產這些社會災難的罪魁禍首。

> 「無政府狀態是秩序，政府是內戰。」
>
> 法國無政府主義者安塞爾姆・貝雷加里格
> （Anselme Bellegarrigue，據說是他所言），1848年

雖然「無政府」在很多人眼裡都是個非常負面的字眼，但是「無政府」還有其他的含義。「無政府」的英文字anarchy源自希臘文，意思是「沒有政府」或者「沒有統治」。「無政府」也是一個中性的字眼，純粹只有「沒有政府」或「沒有權威」的意思。有幾位主要的無政府主義者喜歡玩弄這個模糊空間，也喜歡利用模糊空間所創造的明顯矛盾，因此就（不管是有心還是無意）加深了一般人對無政府主義者的刻板印象。無政府主義其實是一種非常看好人類的潛力，也非常樂觀看待人類的潛力的政治思想，對現代政治一直有重大的影響，一般人對無政府主義印象不佳，其實並不公平。

大事紀

1793	1840	1845
威廉・戈德溫的著作《政治正義論》發表	皮埃爾約瑟夫・普魯東宣示「擁有財產是偷竊行為」	麥克斯・施蒂納的著作《自我與自己》發表

解放與自發秩序

　　無政府主義者的共同特質就是非常不信任權威。他們認為任何人都沒有正當的理由能對他人行使權力，因此他們的目的是要爭取免於壓迫與控制的自由。他們認為制度化的權力就是壓迫人民的國家機器，而且從古到今都是掌權者利用國家機器，藉由剝削他人為自己牟利，從來沒有例外。美國無政府主義者艾瑪·高德曼（Emma Goldman）言簡意賅地表達了無政府主義者一心追求的自由。她在1910年寫道：「無政府主義代表人類的心靈擺脫宗教的統治，代表人類的身體擺脫財產的統治，也代表人類擺脫政府的枷鎖與束縛。」

毀滅的衝動

　　漫畫家筆下的無政府主義者是一群腦筋不太正常又獨來獨往的人，滿腦子都是毀滅、屠殺的念頭。會有這種印象，多半是受到革命派無政府主義的影響，革命派無政府主義是無政府主義的一種，在二十世紀初成為主流。革命派無政府主義是由米蓋爾·巴庫寧（Mikhail Bakunin）創立，主張政府對人民危害太大，必須不擇手段予以強制清除，就算訴諸暴力也在所不惜。他們的基本觀念是毀滅之後會有新生，也就是巴庫寧所說的「毀滅的衝動也是創造的衝動」。在革命派無政府主義的煽動之下，一時之間爆發多起備受矚目的領袖與政治人物遭到恐怖攻擊的事件。無政府主義者藉由一連串的暗殺事件來突顯政府的脆弱，鼓吹人民發動革命（也就是「用死人宣傳」）。遭到暗殺身亡的政治人物包括法國總統薩迪·卡諾（Sadi Carnot，1894年身亡）、西班牙總理卡斯迪里奧（Antonio Cánovas del Castillo，1897年身亡）、義大利國王翁貝托一世（Umberto I，1900年身亡），以及美國總統威廉·麥金萊（William McKinley，1901年身亡）。

　　無政府主義者認為國家要求人民服從是違反個人的自主權，而國家不具有正當性，所以沒有資格要求人民服從。無政府主義者相信人民都是理性的，可以攜手合作，以和平且有效的方式管理自己的事務，不需要面對國家的恫嚇。常有人說必須藉助國家的力量抑制人民自私與暴力的天性，無政府主義者卻認為人性本善，是因為受到先天不公平的國家權力階級結構所影響，才會衰頹腐敗。無政府主義者認為無政府主義並不像很多人所說的會招致動亂，而是會創造一種自發且自然的秩序。

1876	1936～1937	1960年代
米蓋爾·巴庫寧逝世	無政府主義者在西班牙期間控制西班牙東部	無政府主義者再度發起直接行動，反對現有秩序

擁有財產是偷竊的行為

　　一般認為英格蘭人威廉・戈德溫（William Godwin，瑪莉・吳爾史東克拉芙特（Mary Wollstonecraft）的丈夫、瑪莉・雪萊（Mary Shelley）的父親）是第一個提出完整的無政府主義思想的人（只是他並沒有使用「無政府主義」一詞）。他是一位激進且極端的個人主義者，在1793年的著作《政治正義論》（*Enquiry Concerning Political Justice*）先以「盡善盡美的能力是人類最明顯的特質」的主張作為開端，再描寫一個理想的社會，人民組成獨立的小團體，和諧相處，共同生活。男人和女人以平等原則交往，為了共同利益一起奮鬥，不必受到政府這個「殘暴機器」的法律與制度的不良影響。

　　戈德溫眼中的理想社會是一個權力分散的社群主義社會，這個理念留給法國社會理論家皮埃爾約瑟夫・普魯東（Pierre-Joseph Proudhon）一個深刻的印象。普魯東大概是無政府主義的歷史上最具影響力的人物，也是第一個自稱無政府主義者的人。他不斷地強調他的主張所暗示的一個明顯的矛盾，將他想像中井然有序的無政府狀態，與現有的社會秩序做一比較，挑釁現有的秩序。他認為現有秩序的「統一與中央集權」其實是「除了混亂什麼也沒有，是永無止盡的暴政的淵藪」，「我是秩序的忠實好友，但是我是（徹頭徹尾的）無政府主義者。」

　　普魯東的名氣有一部分是來自他在1840年發表的第一本著作《何謂財產？》（*What is Property?*）。他在書裡給了一個很有名的答案：「擁有財產是一種偷竊的行為。」不過他並不認同共產主義。如同戈德溫認為「累積而來的財產」是剝削的根源，普魯東也反對財產權。他認為握有財產權的地主向佃戶收取租金，就等於剝削佃戶的勞力獲取利益。不過他並不反對個人「擁有」生產方式，覺得擁有維持適當的生計所需的工具和土地，是一個自由的人應該享有的基本權利。普魯東提倡的社會是互助主義（mutualism）社會，是一種聯邦制度，包含一些勞工和生產者組成的獨立小團體，進行自由公平的商品交易。這個制度的精神是互蒙其利，是根據需求原則，而非利益。

> 「我們不接受所有特權、特許、政府以及法律的權力……我們認為只有少數剝削他人的統治者，才能藉由這些權力得到利益，受到奴役的多數人民的利益卻受到傷害。」
>
> 米蓋爾・巴庫寧

無政府工團主義

無政府主義者反對中央集權，並不代表他們有特定的政治傾向，所以許許多多的無政府主義者設計出五花八門的無政府主義，也就不足為奇。無政府主義的一個極端是德國哲學家麥克斯‧施蒂納（Max Stirner）在他1845年發表的著作《自我與自己》（*The Ego and His Own*）所提倡的極端個人

直接行動

自從1960年代的反文化革命（counterculture revolution），強調自發與直接行動的無政府主義核心價值迎來了一波接著一波的支持者，尤其受到年輕人歡迎。激進派生態無政府主義者（eco-anarchists）所主張的環境保護跟現行的政治結構互相矛盾，跟西方物質主義價值觀主宰的世界秩序也互相矛盾，這種觀點也影響了綠色政治。反對全球化與自由市場資本主義的人捨棄傳統政治管道，效法無政府主義者的直接行動戰術，舉行一場又一場廣為人知的示威抗議，反對國際貨幣基金（International Monetary Fund）、世界銀行（World Bank）與世界貿易組織（World Trade Organization）之類的全球機構。

主義。他認為個人的自由與自主不該受到國家控制，也不該受到其他的約束（如社會約束、政治約束）。他眼中的理想社會是「利己主義者的聯盟」，自身利益是唯一指導原則。無政府主義的另一個極端是普魯東提倡的非暴力社群主義，在下一個世代轉趨強硬，徹底演變成普魯東的信徒俄羅斯人米蓋爾‧巴庫寧提倡的集體主義（collectivism）。巴庫寧這位革命派無政府主義者主張用暴力推翻國家。集體主義後來又演變成另一位俄羅斯人，也就是從親王轉為革命分子的彼得‧克魯泡特金（Peter Kropotkin）所擁護的無政府共產主義（anarchist communism）。

在二十世紀最初的幾十年，無政府主義在歐美實務政治的地位達到顛峰，無政府主義的各派系開始匯聚，形成無政府工團主義，賦予工會（工團）發動社會革命的權力，一心一意想以激進手段推翻資本主義與國家機構。無政府工團主義與大部分的無政府主義不同，是在西班牙內戰期間在西班牙東部大為盛行。勞工團體攻占加泰隆尼亞（Catalonia）的鐵路與工廠，自行經營。農民組成無政府公社（commune），在共有的土地耕種，食物與必需品由各家均分。這場真實的無政府試驗沒能維持多久，因為後來法西斯主義與共產主義崛起，西班牙無政府主義者就跟他們在歐洲其他地區的同志一樣遭到消滅。

一言以蔽之：無序中的秩序

12 政教分離主義

> 「將宗教與政府結合在一起，對自由政府來說是一種威脅⋯⋯政府許可某一種宗教，透露出來的訊息就是排斥所有不信仰這個宗教的人。政府如果宣稱上帝偏愛某些人，就不可能相信人人生而平等⋯⋯政府擅自插手宗教事務，就是放棄了自己的民主捍衛者的角色。」

美國最高法院在1992年做出經典判決，認定公立學校畢業典禮的禱告儀式違反了美國憲法第一條修正案。哈利・布萊克門法官（Justice Harry A. Blackmun）發表上述意見，呼應了兩個世紀以前美國建國元勛的擔憂，也就是美國憲法將政教分離主義原則奉為圭臬，但是允許宗教差異入侵公共領域，就等於是違反了政教分離主義原則，會直接威脅自由、平等與民主的基本觀念，這些都是美國建國的基礎。

隔離牆

美國憲法第一條修正案的第一個部分是「確立國教與信教自由條款」（Establishment and Free Exercise Clauses），內容包含十六個最受爭議的英文字，在1791年與其他「權利法案」（Bill of Rights）的內容一併通過。條款規定「國會不得制定確立國教或禁止信教自由的法律」。美國建國元勛禁止國會確立國教，也保障人民表達宗教信仰的自由，建立了（傑弗遜（Thomas Jefferson）口中的）「隔離牆」的基礎，把宗教信仰與政治分隔開來。雖然關於條款內容的解讀，仍然是各界激烈爭論的焦點，不過不管怎麼解讀，條款內容都是要防止宗教與政府互相干預，目的在於

大事紀

14～15世紀	1700年代初期	1789～1790
人文運動在文藝復興時期的歐洲展開	歐洲遭受宗教戰爭的浩劫	法國建立政教分離主義

> 「我要向明訂『國會不得制定確立國教或禁止信教自由的法律』的全體美國人民的法律鄭重致敬。這條法律在政府與教會之間建立了一道隔離牆。」

傑弗遜，1802年

（根據另一位美國最高法院法官亞瑟·古博格（Arthur Goldberg）所言）「提升並確保所有人民都能享有最大限度的宗教自由與寬容」。

　　從學校禱告一案的判決就能看出政教分離是美國堅守的原則。如果說政教分離主義就是將神權排除在世俗事務的管理之外，那美國絕對是世上最政教分離的國家。既然如此，那美國總統比爾·柯林頓（Bill Clinton）在1995年的演說當中的一段話似乎令人有些意外。他說：「在這個非常世俗化的時代，美國顯然是全世界最篤信宗教的國家，至少在工業化的世界是如此。」這話當然沒錯，只是顯然互相矛盾。政教分離主義與無神論、人道主義都是相關的觀念，有時候會有人分不清楚這些觀念的差異，其實只要釐清這些觀念，馬上就會發現柯林頓的話一點都不矛盾。柯林頓想表達的意思是政教分離主義絕對不是與宗教為敵，也絕對不是反對宗教，政教分離主義應該是一種獨特的見解，了解宗教在一個國家的建立與運作當中應該扮演的角色。

歐洲的世俗神話

　　歐洲理應是政教分離主義的搖籃，但是拿歐洲跟美國比較，就會發現美國創造了一種明顯世俗化的篤信宗教的精神，是非常難得的成就，而歐洲的情形在許多方面都跟美國相反。大部分的歐洲國家實際上不如美國篤信宗教，也不如美國世俗（至少根據柯林頓的定義是如此），但是歐洲人自己卻不見得這麼想。2007年，新上任的法國總統沙柯吉（Nicolas Sarkozy）寫了一封公開信給全法國的老師，問了一個反詰問題：「宗教之間的衝突可能會開啟文明之間的衝突，面對這樣的危機，除了胸懷幾種

1791	**1802**	**1992**	**1990年代**
美國憲法第一條修正案明定政教分離原則	美國總統傑弗遜首次提出「隔離牆」的觀念	美國最高法院在「李控告韋斯曼一案」（Lee vs. Weisman）針對能否在學校公開禱告，做出經典判決	種族差異與宗教差異掀起巴爾幹半島的南斯拉夫戰爭（Yugoslav Wars）

歐洲的煩惱靈魂

　　不管是以前還是現在，處處可見歐洲在政教分離認同上的煩惱的端倪，像是穆斯林的頭巾之類的宗教象徵所引起的爭議、反對具有歧視意味的「藝瀆上帝法令」的抗爭、學校的課程對於創造論（creationism）與演化論的「平衡對待」等等，不勝枚舉。而在更浩瀚的舞台，老是名不符實的歐盟為了要向東擴張，特別是要吸收土耳其，所以正在尋找自己的靈魂，也許應該說是重塑一個靈魂。土耳其是個跨越東西方的國家，在享有更多的民主自由的同時，本身的穆斯林文化與宗教也更為顯露。另外一個例子也彰顯歐洲的政教分離認同的煩惱，2000年代初期，歐盟憲法的序言引起會員國的爭論。序言的原始版本有「上帝」以及「歐洲的基督教價值觀」這些字眼，整合各方意見之後的最終版本改成「歐洲的文化、宗教與人文遺產的啓發」。在二十世紀的最後一個十年，位於歐洲心臟的巴爾幹諸國爆發了一場慘烈戰爭，一半是由宗教差異引起，一半也由種族差異引起。這場戰爭也許是展現出歐洲政教分離主義模稜兩可這種特質最悲哀的例證。

偉大的普世價值與政教分離主義，還有更好的防禦嗎？」沙柯吉眼中的歐洲是一個以自由派西方價值作為防禦手段的堡壘，抵禦宗教狂熱行為的入侵。這種心態就是一種典型的貴族的優越感，以輕蔑又戒備的眼光看著東方和西方，一方面看見東方具有威脅性的基本教義主義，另一方面又看見美國篤信宗教的溫和熱情。但是沙柯吉眼中的歐洲是嚴重失眞。

　　歐洲自認為是抵禦外來危險宗教勢力入侵的堡壘，實際看來卻並非如此。最明顯的問題是危險宗教勢力已經不是從外而來，也許從來就不是從外而來。任何人要是否定這一點，就等於是忽視歐洲幾百年來的移民與人口變化所帶來的宗教與文化的多重影響。尤其是近幾十年來歐洲的穆斯林移民潮，其實只是歷史悠久的遷徙流程的最新階段而已。有些人把政教分離主義當成歐洲啓蒙運動的最大成就，這種想法是源自一種半神話的世俗化論述。從文藝復興時期開始，人類起源的神話開始被科學的解釋所取代，而在十七世紀的幾場宗教戰爭裡，人類起源的神話達到血腥的高潮。在這個危機時刻（故事是這麼說的），新教徒的宗教改革運動（Reformation）掀起的毀滅性的教派激情，終於被啓蒙運動的理性主義與科學革命的進步力量的快樂組合所平息。在這個所謂的世俗轉型當中，以上帝啓示為基礎的政治神學，終於敗給了以人類理性

為基礎的政治哲學。宗教退守到受到保護的私有領域，在此同時，自由開放的公共領域誕生，先後迎來了言論自由、包容差異，（在時機成熟之後）民主政治也開花結果。

> 「我們擁有宗教自由，並不表示我們還需要爭取免於宗教的自由。」
>
> 比爾‧柯林頓，1993年

很多人都相信這個故事是歐洲現代政教分離認同的起源與依據，但是這個故事卻是嚴重的謬誤。十七世紀大大小小的宗教戰爭造就的並不是一群現代化政教分離的歐洲國家，而是由一個一個不同信仰的國度拼湊出來的歐洲。一個人如果不是信仰當地的主流宗教，那他唯一能享有的「自由」往往就是遷居別處。除了大肆誇耀政教分離的法國之外（法國的一場革命用人民的鮮血換來政教分離主義（又稱世俗主義）），到目前為止沒有一個歐洲國家是完全政教分離，也沒有一個歐洲國家能夠維持政教分離。英國建立了自己的國教，信奉路德教派的北歐國家也建立了自己的教會，波蘭、愛爾蘭與義大利等國則是依然信奉天主教。嚴格的政教分離主義雖然曾在蘇聯、東歐等地盛行一段時間，卻往往造成缺乏寬容以及嚴重不自由的統治。歐洲政教分離主義的故事是幻想與錯誤的歷史的綜合體，沒想到竟然啟發了一個比較成功、比較優質的北美政教分離模式。只是這個故事往往差強人意，短期之內也很難有美滿的收場。

一言以蔽之：政教分離

13 共和主義

> 美國第二任總統約翰‧亞當斯（John Adams）在1787年寫道：「共和國真正的定義，也是唯一真正的定義，就是一個政體，所有人不分貧富，不分官民，不分主僕，不分優劣，都必須遵守法律。」

後來很少人能像亞當斯一樣，給共和國一個斬釘截鐵的定義，或者闡述共和主義（也就是主張成立共和國的主義）的內容。激進分子湯瑪斯‧潘恩（Thomas Paine）跟亞當斯一樣都是共和主義者（不過兩人私底下卻是仇敵）。他挖苦那些迫不及待「濫用他們所謂的共和主義的人，至於以前的共和主義是什麼，現在的共和主義又是什麼，他們從來沒解釋清楚。」共和主義後來就一直都是一群比較靈活的理想的集合，堅決不想擁有制式的定義。潘恩自己倒是搶先亞當斯一步，強調法律是共和主義最重要的原則，讓人印象深刻。他在1776年發表的革命主義小冊子《常識》（*Common Sense*）宣稱：「在美國，**法律就是君王**。就如同在專制國家，君王就是法律，在自由國家，法律就應該是君王。」

所有自由的人所應得的

「共和國」一詞現在是泛指任何一個沒有君主的國家，有時候還有附帶條件，一個國家必須要有民選的國家元首（通常是總統）才算是共和國。翻開歷史就會發現，許多共和國是在君主政體被推翻（往往是以暴力手段推翻）之後取而代之，大概大多數的共和國都是如此。十八世紀的北美就是一個例子，英國的殖民地居民心生不滿，雖然心裡並不情願，卻還是認為必須完全脫離英國的王權統治，他們的苦難才能終

大事紀

西元前510	西元前27	1649～1660
伊特拉斯坎君主遭到驅逐，羅馬共和國成立	奧古斯都成為羅馬皇帝，羅馬共和國正式宣告終結	英格蘭共和（「聯邦」）在查理一世（Charles I）遭到處決後成立

止。另外在幾年之後的法國，波旁（Bourbon）王朝也在法國大革命掀起的腥風血雨之中宣告終結。

潘恩自己顯然並不喜歡君王。他在《常識》寫道：「任何一個政體越接近共和政體，就越不需要君王。」共和主義的傳說裡往往有個專橫的君主（潘恩口中的「王家暴徒」喬治三世（George III）就是一例），被形容成妖魔鬼怪，是壓迫的象徵。但是潘恩和亞當斯反對的並不是君主政體本身，而是君主政體普遍代表的現象，也就是君主實行專制獨裁的統治，通常是為自己牟利，而不是為公眾牟利。的確，並非所有的早期美國共和主義者都認為君主政體與共和主義無法相容。亞當斯在1775年曾說：「英國……就是一個共和國，不多也不少，國王就是最高行政官。」對亞當斯等人而言，問題在於英國明明是「法治而非人治的帝國」，英國的君主也必須「受到人民參與制定的固定的法律約束」，卻不允許美國的表親享有同樣的自由，不讓他們享有

羅馬共和國

相傳羅馬共和國是在伊特拉斯坎（Etruscan）最後一位墮落昏庸的君主「驕傲者塔克文」（Tarquin the Proud），被共和國建國英雄路奇烏斯·布魯圖斯（Lucius Brutus）所領導的起義驅逐之後，在西元前510年建立的。伊特拉斯坎的君主垮台之後，取而代之的是民主政體，因為理論上統治權是掌握在人民的手裡，然而實際上並非如此，五十幾個根基深厚的貴族家族所組成寡頭政治集團，壟斷了權力，瓜分了重要的行政長官職位，也控制主要的議院「元老院」。

不過共和國也設置了許多障礙，防堵政治人物濫權。舉例來說，所有的官職都有固定任期，就連兩位最高層級的執政官都必須嚴格遵守法律，還有可能遭到護民官否決。這些防範措施給了後來的共和主義者效法的榜樣，但是羅馬共和國最終的命運，也給了後來的共和主義者一些啟示。貪腐和濫權逐漸侵蝕共和國的根基，偉大的共和國終於崩塌，在西元前27年的戰亂中被推翻，接替的是奧古斯都（Augustus）開創的高度獨裁的帝國政權。

1775～1783

美國革命爆發，美國正式建國

1789～1799

法國的君主政體被暴力推翻，激進派共和政體取而代之

「所有英國人皆可享有，也是所有自由的人所應得的基本權利」。

美國另一位開國元勛亞歷山大‧漢密爾頓（Alexander Hamilton）在1780年的一封信函裡，闡述共和主義所強調的「法律之前人人平等」的觀念：「自由的人民服從公眾的法律，不管有多服從，永遠都比奴隸服從君主專橫的意志來得理想。」共和主義不但反對「人民受到虐待」，更反對「人民因為某人一時的念頭而受到虐待」。共和主義不僅要追求免於壓迫的自由，還要追求免於壓迫的恐懼與威脅的自由。理想化的共和主義者是一個自由的人，是公民而非臣民，是自己命運的主人，可以根據通行的法律自在生活，直視他人的眼睛也不會心懷恐懼與敬畏。

責任與公民道德

共和主義神話的精髓就是推翻暴政，神話的主要原型來自羅馬共和國（見五十三頁方塊文字）（「共和國」的英文字republic源自拉丁文res publica，意思是「國家」或「公眾事務」，倒也十分貼切，意思也很接近英文的commonwealth（聯邦））。羅馬共和國之所以能吸引後來的共和主義者，也勾起起草美國憲法的人的仰慕之情，不僅是因為羅馬共和國偉大的英雄不屈不撓的精神，也是因為羅馬共和國的架構細節。後代的共和主義者最敬佩的是先聖先賢展露出來的責任心，不管是眾位手刃暴君的布魯圖斯（Brutus）、眾位萬夫莫敵的西庇阿（Scipio），還是列位嚴以律己的加

在暴政之間開闢一條道路

湯瑪斯‧潘恩在1791年的著作《人權論》（*Rights of Man*）寫道：「一個為人民利益而生，為人民利益而奮鬥，照顧全民的利益，也照顧個人的利益的政府，才有資格稱為共和政府。」這樣看來，最適合共和國的政府應該是民主制度。潘恩自己覺得代議民主制度（representative democracy）最適合共和主義，不過他也知道未必是如此。的確，早期的共和主義者多半對於純粹或直接的民主制度心存戒備，認為這種民主制度只比暴民統治好一點點，還是引發無政府狀態，以及濫用財產權等權利的導火線。美國憲法的起草人之所以偏好權力分立，又設計許多制衡機制，是為了要保護正直的人民，不受群眾的暴政影響，也不受暴君的暴政影響。美國憲法起草人秉持這種觀念，設計出一種混合式憲法，將統治權分給幾個機關，任何一個機關都無法擁有不受節制的絕對權力。

圖（Cato），都是無私奉獻，毫無保留爲公眾服務。

羅馬共和國時代的責任心是公民道德的典範，也成爲美國共和主義的特徵。正直的公民應該願意挺身而出，爲國服務，將公眾利益置於個人利益與黨派利益之上。一個公民要能如此積極參與，通常是個人與社會休戚與共，還要具備相當的教育程度，才能與其他獨立思考的知識分子菁英一起進行理性的討論。按照當時的想法，這就表示女性和沒有財產的勞工（當然還包括奴隸）必須仰賴正直的（白人男性）菁英，才能得到保護。

> 「共和政體是唯一不會經常公開或暗中跟人權作對的政府。」
>
> 傑弗遜（Thomas Jefferson），1790年

不甚融洽的夥伴

不管是現在還是以前，自由主義與共和主義經常結合在一起，但是不見得每次結合都很融洽。那種重視公益，講求對公民社會無私奉獻的共和主義，跟那種認爲政府只應該扮演調解的角色，認爲政府唯一的作用就是保護個人權利，調解利益衝突的自由主義並不見得合得來。傳統共和主義也跟某種社會保守主義與儉樸精神結合在一起，但是這些也和古典自由主義所重視的經濟個人主義與創造財富背道而馳。如今個人權利的主張似乎壓過公共責任的呼聲，不過這種基本的角力仍未落幕。以美國爲例，這種基本的對立就是牽動美國政治與文化動態背後的力量。

一言以蔽之：法律爲王

14 資本主義

> 蘇聯集團的國營經濟體自1989年開始瓦解，在後來一片歡欣鼓舞的氣氛之中，有些評論家看見自由派民主政治的勝利，也看見自由派民主政治背後資本主義制度的經濟與社會組織的勝利。等到二十一世紀的第一個十年，全球的金融機構支離破碎，世人這才驚覺這些評論家的觀點有多傲慢。

資本主義的狂熱支持者有時會將資本主義當成一種意識型態，但是資本主義其實是一種生產方式，一種將經濟活動組織起來的方式，至少原先是如此。資本主義制度最重要的活動就是使用私有的財富創造收入。生產商品所需的東西叫做「生產方式」，也就是取得土地、原料、工具、構想與勞力所需的資金。生產方式是由個人（資本家）擁有，資本家利用生產方式，製造可以銷售獲利的東西。資本家用這種方式逐漸累積財富，把一部分的財富再拿來投資，以維持並擴張生意。資本主義制度要能順利運作，還需要一個法律架構，至少要有個能簽署合約的環境，另外還要有一個自由開放的市場。資本主義制度跟指令經濟（command economies）制度最明顯的差異，就是所有生產與分配的決策最終都取決於市場，而非取決於政府。

說到現代資本主義理論，不能不提馬克思（Karl Marx）在十九世紀中期發表的著作《資本論》（*Das Kapital*）對於資本主義的分析。馬克思認為資本主義源自中產階級（資產階級）與無產階級（勞工階級）的階級衝突。資產階級擁有生產方式，剝削無產階級的勞力以賺取利益。無產階級付出勞力，卻只能換取微薄的工資。馬克思

大事紀

1776	1848	1854	1867～1894
亞當·斯密著作《國富論》闡述自由貿易的原則	馬克思著作《共產黨宣言》（*Communist Manifesto*）預言資本主義終將被推翻	根據記載，「資本主義」一詞首次出現（在薩克萊（Thackeray）的小說《紐康家》（*The Newcomes*））	馬克思在著作《資本論》發表了影響深遠的資本主義批評

認爲資產階級逐漸累積財富，權力也難免會集中在資產階級手上，不僅是經濟權力，還有社會權力與政治權力。掌握權力的資產階級就得以統治無產階級。馬克思主張唯有發動革命，才能終結這種壓迫，推翻資產階級，廢除私有財產制。

亞當・斯密與自由市場

在馬克思推出鉅作將近一百年之前，蘇格蘭經濟學家亞當・斯密（Adam Smith）就針對推動資本主義的引擎，也就是自由市場的運作方式，提出相當精闢的分析。他在寫作經典著作《國富論》（*The Wealth of Nations*，1776年發表）的時候，自由市場資本主義快速發展所需的許多條件皆已具備（斯密自己並沒有使用「資本主義」一詞）。英國海內外貿易的成長創造了一種企業家精神，也催生出一個世代的商人。商人將財富帶回英國，培植了剛萌芽的工業革命所需的新產業。在此同時，封建管理的莊園衰敗倒閉，大批出走的農工不管願不願意，都逐漸形成自由工資的勞工階級。經濟轉型道路上的最後一個障礙，也是斯密的鉅作主要攻擊的對象，就是政府仍然握有的許多獨占事業與價格管制手段。

> 「資本主義是一種令人難以置信的思想，竟然認爲最邪惡的人會爲了替天下人爭取最大的福祉，去做最邪惡的事情。」
>
> 約翰・梅納德・凱因斯（John Maynard Keynes，據說是他所言）

斯密的高明之處在於看出市場環境如果不去約束企業、競爭與追求私利的行爲，供給與需求的機制就會確保生產者生產消費者想購買的商品與服務。商品與服務販賣的價格，也能給予生產者合理卻不會過高的投資利潤。斯密構想出來的制度本來就具備自我調節的能力，因爲成本、價格與利潤之類的變數都算是整體制度的功能，不管是交易雙方還是交易之外的第三方（例如政府），如果要操縱這些變數，就會破壞整個制度。斯密認爲政治與經濟是截然不同的領域，政治人物不該干預經濟事務。

1929	1933	1970年代	1989	2007
美國股市崩跌，引發經濟大蕭條	凱因斯發表「國家的自給自足」（National Self-Sufficiency）一文，抨擊自由貿易	貨幣主義政策在歐洲與美國獲得青睞	蘇聯集團的國營（指令）經濟體開始瓦解	全球經濟開始嚴重衰退（「信用緊縮」）

不聰明、不好看

　　純粹的自由派自由市場資本主義不允許政府干預。整個制度能夠自我調節，也是理想化的模型，所以任何規範與干預當然就會破壞資本主義制度的效能。偉大的英國經濟學家凱因斯針對這個觀點提出最具影響力的批評。他評論第一次世界大戰之後盛行的「墮落卻具有個人主義特色的國際資本主義」，寫下一段尖銳的感想：「這不聰明、不好看、不正義、不正直，也沒有實質效益。」1930年代的大蕭條驗證了凱因斯自己的干預主義觀點。他建議政府支出應該用於刺激經濟需求，進而提升就業率，克服經濟衰退的壓力。在1930年代之後的幾十年，許多國家採納他的建議。然而到了1970年代，情況又有所改變，凱因斯主義不再盛行，貨幣主義（monetarism）取而代之，成為主流思想。貨幣主義主要是由美國經濟學家米爾頓‧傅利曼（Milton Friedman）提出，也是認為自由市場機制是完美的，堅持政府只要負責控制貨幣供給就可以了，如此就能降低通貨膨脹，消除獨占事業、關稅與其他市場的外部限制。由雷根與柴契爾這些所謂的「新自由主義者」掀起的法令鬆綁、私有化與「小政府」的年代，在2000年代中期顫抖著煞了車，因為全球「信用緊縮」開啟了一段前所未有的大規模政府干預。

　　這個理念後來成為古典自由主義「自由放任原則」的理論基礎。所謂自由放任原則，就是政府不該去計畫市場的走向，也不該引導市場的走向。

　　斯密認為自由市場是最能有效組織經濟活動的機制，不過他也認為政府的角色不應該只有促進貿易而已。有些事情不能交給私營企業的企業家去做，因為企業家不會有興趣生產無利可圖的設備。「建設與維護某些公共工程的責任」還是要落在政府的肩頭上。從此各界一直都在爭論一個問題，那就是像運輸、教育之類的社會需求，是應該由政府負責，還是交給私營企業最好？

奇蹟還是怪物？

　　就連反對資本主義的人，都不會否認資本主義帶動經濟成長的能力。馬克思在1848年寫道，資產階級一百年來握有優勢，「創造出比先前所有的世代更巨大、更驚人的生產力量」。追求獲利的動機驅使企業家累積財富，也鼓勵企業家擴張事業，結

果造就了更為精細的分工（將製造流程劃分成更小更簡單的工作），以及其他增加效率的措施，擴充了整體規模經濟。可是更大就一定更好嗎？

> 「提倡資本主義的人總是喜歡拿『自由』這個神聖的原則當藉口。他們所謂的自由可以用一句格言表達：絕對不能阻止幸運兒對不幸的人施以暴政。」
>
> 伯特蘭·羅素（Bertrand Russell），1928年

支持資本主義的人往往喜歡宣稱自由市場資本主義不但有效率，也符合道德。他們為了要證明擁有資本與累積財富就道德而言是可以接受的行為，通常會引述斯密的主張的各種版本，也就是市場的「看不見的手」會引導個人追求自身利益，在不知不覺中促進更大的集體利益。他們也會拿「涓滴效應」（trickle-down effect）作為根據，主張頂層階級的財富會像水滴一樣滲透到下層，所以到頭來大家都會更富有（其實這就是約翰·羅爾斯（John Rawls）所提出的差異原則）。

但是看在反對資本主義的人的眼裡，這些多半都是遙不可及的夢想，是希望打敗經驗的言論。對於馬克思和他的戰友恩格斯而言，工業資本主義製造出嚴峻的環境，害得勞工過著悲慘困苦的生活，這就是把人民推向革命派共產主義的最大力量。恩格斯更是親眼看到工作環境惡化，勞工在惡劣的工廠環境工作，被迫加長工時，工作內容也變得更單調乏味。根據馬克思的分析，資本主義的**本質**就是剝削，因為資本家付給勞工過於微薄的薪資，就是為了創造利潤。邱吉爾在1954年說道：「資本主義與生俱來的弊病是享樂不均。」換言之，勞工從未與雇主共享資本主義創造的財富，也永遠不可能共享。貧富差距日漸擴大，也是千真萬確的事實。至於涓滴理論，也被經濟學家約翰·肯尼斯·高伯瑞（J. K. Galbraith）鄭重駁斥為「馬兒與麻雀經濟學」，就好比主張「給馬兒吃夠多的燕麥，有一些燕麥會落到麻雀嘴裡」。

一言以蔽之：貪婪的勝利？

15 保守主義

> 「如果沒有必要改變，那就有必要不改變。」這句話也可以換個粗糙一點的說法：「要是沒壞，就別修理。」這句家常格言（比較文雅的那一句）最早可以追溯到十七世紀英格蘭政治家福克蘭子爵（Viscount Falkland），反映了一種非常古老的人性本能，也是保守思想的核心。

不喜歡為改變而改變，不願意捨棄能用的東西，去追求理論上可能更好用的東西，相信過往實在的經驗，不相信未來虛幻的承諾，一心一意想要保留一般人眼中現今社會最好的東西，總而言之就如林肯（Abraham Lincoln）所言：「緊守經過驗證的舊習慣，排斥未經驗證的新做法。」這些都是當今最重要的政治哲學「保守主義」的心態。

這些心態都能代表保守主義的精神，但是要給保守主義一個精確的定義就比較困難。保守主義具有反動傾向，一般來說是反對政治改革與社會改革，面對改變的訴求會主張克制，因此保守主義者的領導地位與立場往往是來自他們反對的對象。所以自稱保守主義者的人會抱持五花八門的想法，而且有些想法還互相矛盾，也就不足為奇。

伯克與保存原則

「反動」的英文字reactionary是從法文réactionnaire直譯而來，意思是反對法國大革命（French Revolution）的人。法國在1789年爆發劇烈的政治與社會動亂，啓動

大事紀

1789~1799	1790	1797
法國大革命在歐洲各地引發反動派的恐懼	埃德蒙・伯克率先發表保守主義價值觀的重要聲明	伯克逝世

了第一波保守主義思潮，倒也算是恰當。愛爾蘭出生的政治人物兼作家埃德蒙·伯克（Edmund Burke）在1790年的著作《法國大革命的反思》（*Reflections on the Revolution in France*），表達出他對革命分子煽動的激情的不滿。他認為革命分子是一群意識型態狂熱分子，受到理想主義和理論的抽象概念驅使，要清除過往的一切。

在正確的時機剷除的藝術

有時候保守會被形容成除了反動什麼都沒有，是一種對舊時事物的癖好，一心一意留戀過去，就只因為那是過去，這種說法其實並不公平。維多利亞時代的桂冠詩人阿弗烈·丁尼生男爵（Alfred, Lord Tennyson）1882年的詩作「萬人之手」（Hands all Round）的理解較為正確：「真正的保守之人／剪除腐朽的樹枝。」後來他在和蘇格蘭哲學家威廉·安格斯·奈特（William Angus Knight）談話時提到：「但是我們在剪除樹枝之前，一定要確認樹枝已經腐朽。」

伯克自己並沒有提到「保守」或者「保守主義」一詞。的確，一直到他逝世之後三十年，也就是1830年代，才有人提出這兩個名詞（用於政治含義），原本是英國托利黨（Tory Party）的新名稱。儘管如此，伯克非常重視他所謂的「保存原則」，所以不難理解後來的保守主義者為何將他奉為保守主義的先驅。伯克在一段關於「政府的科學」的論述之中，強調「重視經驗」是至高無上的政治美德，又以一個廣為流傳的隱喻修飾這個觀點：

任何人想要拆毀一棟長久以來還算能夠滿足社會共同需求的大廈，或者眼前沒有經過驗證確實可用的模型與樣式，就要重建大廈，都應該無比地謹慎審思。

規則與法律，因年代久遠而神聖

保守派非常重視過往世代流傳下來的習俗當中的傳統與智慧。伯克認為這種世世代代累積的知識遠超過任何一個人的智慧，是社會最珍貴的資產，是由一個世代接收，再恭恭敬敬傳給下一代的神聖遺產。從這個角度來看，社會就絕對不只是現有的

1830	1832	1908	1980年代
「保守」一詞首次成為英國托利黨的新名稱	華茲華斯在（1850年發表的）作品《序曲》頌讚「伯克英明」	吉爾伯特·基思·卻斯特頓的作品《正統》（Orthodoxy）出版	雷根經濟學與柴契爾主義（Thatcherism）成為美國和歐洲的新自由派政策綱領

成員和機構的總合，而是一種和諧的夥伴關係，不僅是活著的人的夥伴關係，也是活著的人、死去的人，還有未來即將出生的人之間的夥伴關係。反對保守主義的人往往將保守主義者尊敬過去的表現，看成一種不健康的懷舊心理，認爲保守主義者不但是在諷刺現狀，還對未來改善的前景感到悲觀。英格蘭作家吉爾伯特・基思・卻斯特頓（G.K. Chesterton）認爲傳統是「死者的民主」，是「把投票權交給我們的列祖列宗，也就是所有階級當中最模糊的一個」，但是把投票權給予那些不幸「因爲死亡而失去資格」的人，就等於對活人的判斷沒有多少信心。維多利亞時代的評論家認爲，保守主義對人性的悲觀看法，就是保守主義與自由主義最大的差異。

　　自由主義對於人的潛力基本上是樂觀看待，因此自由主義者通常追求社會進步，對社會的改革與改善也頗爲熱衷。相較之下，保守主義基本上是認定所有人都是軟弱自私，因此保守主義者認爲管理良好的社會的首要目標，就是維持秩序與穩定。英國維多利亞時期最偉大的自由派首相威廉・格萊斯頓（William Gladstone）用一句話將這種對比形容得恰到好處：「自由主義是對人信任又摻雜了謹愼，保守主義則是在不信任中摻雜了恐懼。」

政治家的標準

　　反對保守主義的人對於我們目前的知識程度感到懷疑，尤其懷疑當今政治人物能

反動政治學

　　如果保守主義的中心思想就是傾向保留，那要想定義某個時期的保守主義的內容，就難免要看當時的保守主義者認爲「現有秩序的哪些層面受到最嚴重的威脅」。因此長期而言，保守主義者提出的主張與政策差異很大。在十九世紀大部分的時間裡，工業化的流程啓動了一波接著一波的自由派改革與社會瓦解，保守派面臨最嚴重的挑釁。這些議題有一部分一直延續到二十世紀，像普選權（universal suffrage）就是一例，不過保守派也漸漸集中精力對付他們眼中社會主義與共產主義的威脅。在1980年代雷根和柴契爾執政的時期，政策帶有強烈的新自由派色彩，以自由市場、法規鬆綁以及政府最小化爲優先，在很多方面都是典型的保守主義對先前揮霍浪費的福利政策會有的回應。同樣的道理，雷根經濟學（Reaganomics，在經濟方面盡量避免干涉）與極端社會保守主義（在道德方面極盡干涉之能事）明顯怪異的組合，也是典型的針對縱橫1960年代的年輕人反文化（counterculture）的反擊。

> 「伯克英明！……他預見、譴責、對抗建築在抽象權利之上的所有制度，加以尖銳嘲諷。為人稱頌的規則與法律，因年代久遠而神聖。昭示了流傳已久而深得人心的社會關係所蘊含的關鍵力量……」

威廉‧華茲華斯（William Wordsworth），
《序曲》（*The Preclude*），1832年／1850年

否了解他們的政策的實質後果。在真正的保守主義者眼中，這些懷疑都頗有見地，也有憑有據。保守主義者極度懷疑政治規劃者與空想家所提出的虛幻計畫，也就是那些烏托邦、萬靈丹還有（伯克口中）「漂浮的幻想」。慘痛的經驗已經證明，這些社會進步與改善的夢想，到最後都變成退步與壓迫的惡夢。

反對者將保守主義者形容成迂腐的反動派，永遠停留在理想化的過去，不肯睜開眼睛面對當今的現實，不過不管如何，保守主義者都會主張這種說法就只是誇張的諷刺。維多利亞時期的道德家馬修‧阿爾諾（Matthew Arnold）批評「保守主義的原則……因為不能修理自己所愛的東西，所以只好予以摧毀。」這種批評並不公平，因為保守主義真正的精神絕對不是只有沉溺過往事物那麼枯燥。保守主義者明白保存的祕訣並不是停滯，態度也稍微傾向於改變。伯克曾說：「除了全然摧毀，或者不去改革維持原貌之外，還有其他的路可走。我認為政治家的標準應該具備傾向保留的性格，還要有改善的能力。其他的一切都是粗陋的概念，執行起來充滿危險。」

一言以蔽之：傾向保留的性格

16 自由主義

基於複雜的歷史因素，「自由派」一詞在大西洋兩邊的意義完全不同。在歐洲，「自由派」通常是讚美之詞，是形容追求社會進步，致力保護公民自由的政治人物。到了美國可就不一樣了，「自由派」在美國是個非常政治的字眼，往往用來形容政治上的濫權。

事實上，比較正確的說法是「自由派」在美國既是讚美之詞，也可以用於貶抑。美國民主黨總統候選人約翰·甘迺迪（John F. Kennedy）在1960年發表演說，就把這種意義上的差異解釋得很清楚。民主黨的對手給人貼上「自由派」的標籤，就等於說這個人「對外政策立場軟弱，反對本國政府，花起納稅人的錢毫不在意」。不過甘迺迪倒是自詡為自由派，還引以為傲，因為民主黨所謂的自由派是說一個人「向前看而不往後看，樂於接受新觀念，不會拘泥己見，關心人民的福祉⋯⋯」換言之，民主黨口中的自由派就是一個追求進步，關心人民自由的人，正好符合歐洲人眼中自由派的形象。那麼開明的歐洲自由派又怎麼會變成美國保守右派所抨擊的妖孽？又怎麼會變成課重稅、亂花錢又「假惺惺」的自由派？

古典自由主義

自由主義雖然引發了截然不同的反應，但是作為一種現代政治主義，向來都著重一個有些複雜的觀念，那就是保衛個人的自由不受濫權侵犯。自由主義的基本觀念是每個人都是理性自主的個體，每個人的價值相等，因此每個人都該得到平等的考量。一般認為這種觀點是源自兩位英格蘭哲學家湯瑪斯·霍布斯（Thomas Hobbes）

大事紀

1690	1775~1783	1776	1789~1799
約翰·洛克的著作《政府論兩篇》出版	美國革命為「生命、自由、追求幸福」而奮鬥	亞當·斯密在著作《國富論》提出自由貿易的主張	法國大革命為「自由、平等、博愛」而奮鬥

與約翰‧洛克（John Locke）的著作。霍布斯與洛克先後目睹十七世紀前半，幾十年的宗教衝突所引起的社會動亂與苦難，震驚之餘開始探討政府存在的根據與正當性。兩人都認為統治者的權力必須經過被統治者同意，才具有正當性。洛克主張國家的責任就是保護人民與生俱來的權利與財產。洛克1690年的著作《政府論兩篇》（*Two Treatises of Government*）為下一個世紀的兩起重大變革，也就是法國大革命與美國革命，建立了理論基礎。也是在這兩場改寫歷史的革命當中，人民才總算得以終結幾百年來對君主與神職人員卑躬屈膝的日子，總算從古老的習俗與權力的掌握中解放出來。

洛克認為政府不見得能以負責的方式使用權力，所以政府的規模應該由人民所同意的憲法嚴格界定。這個政治領域的觀點也反映在經濟領域，出現在蘇格蘭經濟學家亞當‧斯密（Adam Smith）的著作裡。斯密在1776年的著作《國富論》（*The Wealth of Nations*）主張要確保國家的共同利益，最好的方法就是允許個人在自由市場追求自己的利益，因為個人追求自己的利益的同時，也能滿足其他人的利益。這就是經濟學的自由放任主義，主張政府對市場運作的干預應該最小化，正好呼應了洛克在政治領域的觀點，也將古典自由主義與自由市場經濟學緊密結合在一起。

自由主義的本質是追求進步，所以自然就會反對保守主義。直到十九世紀初，才第一次有人用「自由派」一詞形容那些向來願意接受新觀念，願意接受改革計畫（先

包裝新，內容不新

1975年刊出的一份美國總統雷根（Ronald Reagan）的訪談內容，象徵保守右派成功竊取古典自由主義的傳統外衣。雷根提出的定義「想要更少政府干預，或是想要更少中央集權，或是想要更多個人自由」，看起來就像古典自由主義的標準定義，他卻認為這是「保守主義的基礎」。（新自由）保守主義與（古典）自由主義採用相同的手段，追求的目的卻絕對不相同，這引發了左派與右派之間的許多政治言論與爭辯。

1859
約翰‧斯圖爾特‧密爾發表「論自由」一文

1933
小羅斯福總統推出「新政」，對抗經濟大蕭條的效應

1979~1980
柴契爾和雷根分別在1979年和1980年贏得大選，英國與美國開始推行新右派的「新自由主義」政策

反對頑固與武斷

自由主義自從誕生以來，就有個如影隨形的雙胞胎叫做寬容。約翰‧斯圖爾特‧密爾（John Stuart Mill）主張寬容，大概是類似的主張當中最具影響力的一個。他認為人的多樣性本來就很有價值，也主張尊重人的自主性，也就是個人為自己的人生作主的能力。他在1859年的文章「論自由」（On Liberty）主張一個人「最好以自己的方式安排自己的人生，不是因為自己的安排就一定是最好，而是因為那是自己的安排」。要能容忍別人的觀點，對自己的觀點也要有一種合理的彈性。正如伯特蘭‧羅素（Bertrand Russell）在1950年發表的文章所言：「自由主義的精髓並不是意見本身的**內容**，而是意見表達的**方式**。自由主義者不會武斷地堅持己見，而是會姑且先保留意見，心裡卻也清楚隨時都有可能出現讓他們放棄自己的意見的新證據。」

是宗教改革，後來是政治改革）的人。也是在十九世紀，兩位功利主義哲學家傑里米‧邊沁（Jeremy Bentham）與約翰‧斯圖爾特‧密爾將亞當‧斯密的自由市場經濟學更廣泛地應用在政治領域，古典自由主義才總算有了完整的論述。他們認為代議民主（representative democracy）是最能將政府的利益與人民的利益結合起來的制度。他們也提出一套複雜的個人權利，至今仍是現代自由主義思想的中心。

私人權力與大政府

自由主義經常為人詬病之處就是只顧著限制公共權力，有時忽略了私人權力的影響。在整個十九世紀，信奉自由主義的政策制定者是改變歐洲的政治與經濟情勢的主要力量。合乎憲法的小政府是當時的主流，工業化與自由貿易創造驚人的財富。然而正如斯密和密爾所預言，自由企業與資本主義如果完全不加以節制，可能會導致財富分配嚴重不平等。到了十九世紀末，後果開始浮現，工業與金融業的菁英運用強大的政治與經濟權力，導致一般的勞工陷入貧困。

自由主義者發覺自由放任政策會導致嚴重的不平等，進而侵犯基本的公民自由，因此在思想上澈底地改弦易轍。要達成保護個人權利與自主權的主要目標，絕對不需要限縮政府的規模，反而似乎需要一種強烈的干涉主義，將政府的權力予以擴張，以匡正先前不受節制的資本主義所造成的不平等。一個世代的「新自由主義者」

（也就是「社會自由主義者」或者「福利自由主義者」）崛起，開始管控產業，推出各種經濟與財政改革，以匡正社會不平等。所以自由主義的目標維持不變，採用的手段卻截然不同。

停滯性通貨膨脹與新右派

新自由思想最顯著的成就，就是小羅斯福總統（Franklin D. Roosevelt）1930年代推出新政（New Deal），實行全面的福利與社會安全計畫。二次世界大戰之後的幾十年，各國經歷前所未有的成長與繁榮，自由主義的新干涉主義路線繼續位居主流。然而從1970年代開始，經濟陷入停滯，隨之而來就是通貨膨脹居高不下，國債節節攀升，粉碎了世人對於經濟持續成長的信心。這樣的經濟動亂就像一個大陰影，籠罩了自由左派的福利與大政府政策，在美國和英國也將「新右派」（New Right）一舉推上執政寶座。雷根和柴契爾是名稱容易造成混淆的「新自由主義」（neoliberalism）的兩大信徒，熱烈擁抱（就算不是一直在實務上擁抱，也在理論上擁抱）古典自由主義的核心教條，也就是限縮政府規模、實行自由貿易。在後來針鋒相對的政治論戰當中，新右派的言論毫不留情地嘲諷自由主義，將自由主義斥為亂無章法，課重稅又亂花錢，又講究政治正確的官樣文章，先前引發甘迺迪強烈不滿的諷刺又重現江湖。

個人主義與平等

自由主義信奉啟蒙思潮的一大支柱，也就是個人神聖不可侵犯的地位，所以自由主義也始終信奉啟蒙思潮的另一大支柱，那就是平等原則。美國的第一位總統喬治・華盛頓（George Washington）在1790年寫的一封信也透露這種想法：「人類變得更自由之後，就更會認為社會上每一個為人處事值得尊敬的人，都有受到公民政府保護的權利。」

一言以蔽之：捍衛個人權利

17 社會主義

> 過去兩百年來，眾多南轅北轍的社會主義思想與計畫紛紛出籠，令人頭暈目眩。先是早期空想社會主義者的理想主義計畫，再來是馬克思和恩格斯的革命派計謀，後來是社會民主主義者比較溫和的提議。這些計畫很多都只是未實現的夢想，不過少數已經實現的計畫倒是改變了許多人的人生。有的大幅提升了社會正義與平等，有的則是禍害人民，毀滅整個國家。

社會主義有許多化身，不過社會主義的核心價值與基本目標始終不變。社會主義者不分派別，都堅決反對他們眼中資本主義所造成的許多不公平現象。他們認為資本主義會導致財富和權力集中在少數人手裡，而這些少數人就在市場規則所主導的競爭、剝削又自相殘殺的世界中勝出，所以他們希望能扭轉這個趨勢，建立更符合正義的社會。

資本主義的本質就是「生產、分配與交換的方式」（也就是工廠、礦坑、鐵路之類生產商品與服務所需的資源）均為私人所有，也被個人（或者個別企業）用來為自己創造財富。因此社會主義幾乎是從誕生以來，就認為要想匡正資本主義的弊病，最有效的辦法就是國家將這些生產資源國有化（也就是把這些資源收歸國有），由國家代表全體國民管理這些資源。

早期的社會主義者

第一批稱做社會主義者的人在1820年代和1830年代崛起，主要出現在英國和法國，不過許多社會主義的原則其實在那之前很久就已經出現。這些早期的社會激進派（很多人按照馬克思的說法，將這些人稱做「空想社會主義者」）多半是察覺到工業

大事紀

1825	1825	1848	1867～1894
法國社會主義的創始人克勞德・昂列・聖西門逝世	羅伯特・歐文在美國印第安那州成立「新和諧村」	馬克思在《共產黨宣言》主張好戰的「科學社會主義」	馬克思在著作《資本論》（Das Kapital）發表了影響深遠的資本主義批評

化引發的嚴重不平等，因而提倡社會主義。他們發現企業家與工廠老闆利用勞工累積了大筆財富，而大多數的勞工卻在危險又惡劣的環境中做著苦工，工時很長，工資卻少得可憐。許多早期社會主義文獻的主題是一種憧憬，就是個人作為團體的一分子，在一個充滿合作與包容精神的社會中生活。

法國社會主義的創始人是出身貴族的克勞德·昂列·聖西門（Claude-Henri de Saint-Simon）。他雖然沒有激進到主張將所有生產資源收歸國

> 「資本主義與生俱來的弊病是享樂不均，社會主義與生俱來的長處是苦難均分。」
>
> 邱吉爾（Winston Churchill），1954年

有，卻也認為生產資源的使用應該由一群開明的企業家、科學家與工程師集中計畫並管理，他們可以運用專業消滅貧窮，滿足社會的各種需求。另外一位早期的社會主義先驅羅伯特·歐文（Robert Owen）也是個成功的企業家，對人性基本的良善深信不疑，認為任何人只要受到人道且同理的對待，社會就能和諧。他在1825年將理論付諸實踐，買下美國印第安那州的一塊土地，成立了一個名為「新和諧村」（New Harmony）的移民地，實行合作與財產共有的原則。

馬克思的科學社會主義

馬克思和他一生的合作夥伴恩格斯提出了有史以來最具影響力的資本主義批評，所以馬克思的思想會成為後來的社會主義思想的主要理論基礎，也就不足為奇了。根據馬克思的分析，資本主義是違反正義又不理性，因為資本主義的**本質**就是浪費又沒有效率。他認為資本主義之所以會有這些缺點，是因為市場配置與私有財產制的雙重影響，所以他主張實行中央計畫經濟，廢除私有財產制。

馬克思在1848年的著作《共產黨宣言》（*Communist Manifesto*）強烈批評早期的社會主義者，將他們斥為天真的理想主義者，說他們描畫「未來社會的幻想」。他反

1914～1918	1917	1927	1989
第一次世界大戰導致社會主義者分裂成涇渭分明的兩派	俄國革命爆發，溫和派社會主義與革命派社會主義終於決裂	史達林成為蘇聯無人可敵的領袖	東歐共產政權開始垮台

對這種不切實際的空想，提出腳踏實地的「科學社會主義」。科學社會主義的基本觀念認為階級鬥爭是推動歷史演進的力量。馬克思的共產主義是一種好戰的社會主義，唯有透過暴力革命才能實現。馬克思認為勞工階級（無產階級）會自動自發地揭竿而起，推翻工業資本主義，以及享受工業資本主義剝削而來的報酬的資產階級，這是歷史的必然。實行資本主義壓制的政府會被推翻，由「無產階級的獨裁專政」取而代之，不過這只是過渡階段，到了「歷史的終點」，無產階級的獨裁專政會被發展成熟的經濟與社會共產主義取代。到最後政府本身會衰頹滅亡，所有的階級差異都會被消滅，人民就能免於貧窮與剝削，可以自由自在地發展他們的天賦。

選票還是炸彈？

馬克思預言資本主義終將被暴力推翻，然而令馬克思的支持者甚為苦惱的是事實一再證明並非如此。雖然資產階級仍然大權在握，毫無垮台的跡象，但是到了十九世紀末，勞工的境況一般而言已有所改善。眼看「沒有政治革命也能有社會變革」成為越來越明顯的現實，許多溫和派社會主義者開始主張漸進式，而非革命式的社會主義，也就是從內部改革國家，而不是積極推翻國家。正統馬克思主義者堅持暴力革命有其必要，修正主義者（漸進主義者）卻認為透過憲政與民主方式，可以循序漸進且和平地實現社會主義思想，兩者之間的分歧逐漸擴大。

這種越演越烈的分歧在第一次世界大戰之前的那些年以及大戰期間，終於演變成

如果失敗了一次……

反對社會主義的人往往毫不猶豫指責社會主義者太過天真又天馬行空。不管這種指責有幾分真實，社會主義者不屈不撓的樂觀精神確實是他們的迷人之處。說到不屈不撓的樂觀精神，社會主義最偉大的先驅羅伯特‧歐文就是最佳例證。他在1825年在美國印第安那州成立實驗性質的「新和諧村」，就反映了他對人性的無比信任。後來他的兒子想起這段往事，說「新和諧村」根本就是一群烏合之眾，「一群志不同道不合的激進派、狂熱的社會主義者……還有懶惰的理論家，再加上三三兩兩沒有原則的騙子。」新和諧村成立才兩年就以失敗收場，倒也不令人意外。而歐文大部分的財產也全都付諸流水，不過他的樂觀精神卻絲毫未減，還是永懷希望地勇往直前，又成立了其他實驗性質的村落，也在工會運動中扮演要角。

公開決裂。在這之前，社會主義積極營造國際運動的形象。馬克思在《共產黨宣言》呼籲革命，說到底就是要天底下的勞工團結起來。可是現在不管是勞工還是社會主義者，突然都面臨一個嚴峻的選擇，那就是要不要在戰爭中支持自己國家的政府，何況這場戰爭明顯帶有資本主義性質。面臨國家與國際社會主義的抉擇，多數人最後選擇了自己的國家。於是國際社會主義便承受如此重大的打擊，至今仍未完全恢復。

不可挽回的分裂

溫和派社會主義者與極端派社會主義者最終在1917年澈底決裂。當時列寧領導的革命派布爾什維克黨人取得俄羅斯的政權。原本期待俄國革命會開啓新一波的社會主義革命，不久之後就轉爲失望，因爲共產主義者的暴行被其他地方的溫和派譴責。在西方國家，就連死硬派的革命派馬克思主義者，看見史達林的暴政開始出現貪腐與殘暴的作風，只是名義上的社會主義政權，也不得不感到絕望。

在二次世界大戰之後籠罩歐洲的鐵幕，也象徵蘇聯集團的社會主義與共產主義政權，與西方民主社會主義（這個時候比較普遍的稱呼是社會民主主義）之間一道無法跨越的鴻溝。社會主義者想透過中央集權，建立平等的社會，最後卻是徒勞無功。東歐共產國家流行一個尖酸刻薄的笑話，一語道盡這種情形：「資本主義是人剝削人，社會主義則是顛倒過來」。「社會主義」一詞遭到濫用的情形相當嚴重，嚴重到共產主義從1989年開始垮台，從此社會主義幾乎成爲一個不敢報出名號的政治思想。

西方國家的社會民主政黨則是開始走向非馬克思主義的路線，追求社會主義的目標，希望透過福利改革與重新分配的稅制，減輕資本主義的不良影響。但是到了二十世紀的最後二十五年，西方的社會民主政黨也同樣遭遇困難，經濟情勢嚴峻，再加上主張小政府與自由放任政策的新右派新自由主義者崛起，威脅社會民主政黨的干預主義與福利政策的生存空間。然而在二十一世紀的第一個十年，諸如全球「信用緊縮」以及環境問題之類的許多棘手問題，都提醒世人資本主義本身也有許多問題。現在就預言社會主義死亡實屬過早。

一言以蔽之：爲社會正義而奮鬥

18 共產主義

「哲學家只是以各種方式解讀世界，重點是改變世界。」激進派社會主義者卡爾‧馬克思（Karl Marx）在1845年寫下這句名言，明白宣示他所推動的大業的目的是要從理論邁向實踐，他的終極目標是發動革命，追求實際的變革。

僅僅在三年之後，馬克思就和摯友恩格斯（Friedrich Engels）發表了著作《共產黨宣言》（*Communist Manifesto*）。這本書只比小冊子厚一點點，剛推出的時候影響力並不大，後來卻堪稱對二十世紀的歷史影響最大的書籍。

馬克思在《共產黨宣言》的開場篇描寫「共產主義的幽靈」在十九世紀的前半糾纏「舊歐洲的強國」。這個威脅強國的幽靈就是大量湧現的極端社會主義者。工業生產的變革為信奉資本主義的雇主帶來驚人的財富，卻也導致勞工遭受欺壓，一貧如洗，極端社會主義者就起而反抗，為勞工發聲。他們的目的是以暴力推翻資本主義社會，廢除私有財產制度。馬克思在1883年逝世，在那後來的一百年，俄羅斯、東歐以及中國等地相繼出現共產主義政權，共產主義的幽靈再度崛起。這些政權在現實世界中實踐馬克思的理念（或者應該說他們眼中的馬克思的理念），留下了一段人類受苦受難的歷史，敗壞馬克思的名聲。（雷根口中的）「人類歷史悲慘怪異的一章」在1989年之後的幾年間宣告結束，馬克思的願景，也就是發動革命鬥爭，創造沒有階級的社會主義社會，變得跟那些假借共產主義之名的衰敗國家一樣澈底地破滅。

大事紀

1818	1844	1848	1867~1894	1883
馬克思生於萊茵蘭（Rhineland）的特里爾（Trier）	馬克思在巴黎結識一生的至交恩格斯	代表共產主義者同盟的《共產黨宣言》出版	《資本論》（*Das Kapital*）（共分三卷）闡述馬克思對於資本主義制度的理論	馬克思逝於倫敦

　　但是到了二十一世紀，世人的觀感又起了變化，尤其在全球「信用緊縮」之後，資本主義失控的壞處一一地暴露出來，更是改變了一般人的想法。不時有人主張共產主義注定失敗，因為共產主義是基於一種對人類心理的誤解，這話或許沒錯，不過既然現實世界共產政權的有毒塵埃已經落定，世人還是可以再次欣賞馬克思所主張的建立「各盡所能，各取所需」的社會的崇高理想。

走向歷史的終點

　　馬克思的理念原先的設計是一種政治教條，也是一種實際行動方案，是根據一種非常特殊的歷史演進的經濟理論。馬克思認為每一個國家的首要大事就是要生產生存所需的東西，而且只能透過當時典型的「生產方式」，也就是使用現有的原料，使用現有的工具與方法處理原料，以及使用現有的各種人力資源。這些經濟因素形成的基本結構，就反過來影響了整體社會的組織模式，也影響了社會的組成分子（也就是「階級」）之間的關係。

　　馬克思認為在歷史的每一個階段，都有一個統治階級控制著當時的生產方式，利用其他階級的勞力謀求自身利益。然而過去和現在的典型生產方式始終是不穩定的。階級之間的關係向來帶有「矛盾」，難免會釀成緊張與動亂，最後演變成衝突與革命，導致統治階級被推翻、被取代。

　　馬克思所處的年代的「生產方式」是工業資本主義。一般認為工業資本

人民的鴉片

　　馬克思是知名的無神論者，認為宗教是誘惑群眾的誘餌，是資產階級為了繼續奴役勞工，所利用的保守力量。他認為宗教就像止痛藥，就像鴉片，麻痺人民的神經，讓人民心甘情願地把悲慘的生活當成上帝的計畫。他在1843年滿懷哀怨地寫道：「宗教是受到壓迫的人民的嘆息，就像冷酷無情的世界裡的感覺，也像沒有靈性的環境裡的靈魂。宗教是人民的鴉片。」

1917	1927	1949	1991
列寧開始建立馬克思列寧主義的理論基礎	史達林成為蘇聯無人可敵的領袖	中華人民共和國在毛澤東的領導下建國	蘇聯瓦解

主義是經濟發展的必經階段，取代了封建制度，也導致生產量大幅增加。可是資本主義制度的統治階級「資產階級」卻以買賣商品賺取利潤，利用他們的經濟力量創造鉅額財富，這些利潤照理說應該是由勞工階級（無產階級）享有。馬克思認為這種剝削會造成勞工階級更為貧窮。等到勞工階級發現他們的利益與資產階級的利益差距大到跨越不了時，就會出現危機，勞工階級會起而反抗，推翻壓榨他們的資產階級，控制生產方式，廢除私有財產制。為了避免資產階級發動反革命爭奪利益，無產階級會建立「無產階級獨裁專政」，也就是一種過渡國家，權力會逐漸「凋零」，在「歷史的終點」被完全實現的共產主義所取代，形成一個沒有階級之分的穩定社會，人人皆可享有真正的自由。

只會失去鎖鏈

　　現在的人認為《共產黨宣言》是有史以來最重要的鉅作之一，其實此書首次推出時並沒有發揮多少影響。此書是馬克思和恩格斯共同撰寫，篇幅不多，內容不到一萬兩千字。在1848年出版，原本是要作為效能不彰、時常爭吵又短命的共產主義者同盟（Communist League）的黨綱。馬克思在《共產黨宣言》的結尾，發出了大概是有史以來最響亮、影響最深遠的號召：

　　　　共產黨人不屑於隱瞞自己的觀點和意圖。他們公開宣示只有用暴力推翻現存的所有社會制度，才能達到他們的目的。讓統治階級在共產主義革命面前發抖吧！無產者在這場革命只會失去鎖鏈，贏得的將是整個世界。

全世界的勞動者，團結起來！

列寧與先鋒

　　馬克思非常了解統治與壓迫的心理。他在1845年寫道：「每個時代的主流思想，就是統治階級的思想。」換句話說，主流的「意識型態」，也就是媒體、教育等媒介傳達的思想體系，向來都是反映統治階級的觀點。主流意識型態形成了正統意見，捍衛現狀，進而為政治權力與經濟權力的不平等關係提供正當理由。

　　弗拉基米爾‧伊里奇‧烏里揚諾夫（Vladimir Ilich Ulyanov，也就是世人熟悉的列寧，後來俄羅斯布爾什維克革命（Bolshevik Revolution）的領袖）在1902年發表的著作《怎麼辦？》（*What Is to Be Done?*）當中，認同馬克思的意識型態分析。不過列寧認為馬克思誤解了意識型態激發人民革命的作用。馬克思認為勞工自然而然會起

而反抗，推翻壓榨他們的統治階級，
列寧卻認為主流意識型態會引發一種
（恩格斯所稱的）「錯誤的意識」，
導致勞工階級看不見自身利益，等於

> 「目前所有現存社會的歷史，就是階級鬥爭的歷史。」
>
> 卡爾·馬克思，《共產黨宣言》，1848年

是縱容他人壓迫自己。以當時俄羅斯的情況看來，列寧的擔憂看似很有道理。當時的俄羅斯是個赤貧的國家，還沒完全脫離農業封建制度，也尚未進入（正統馬克思主義認為必須經歷的）工業資本主義的階段，完全無法培養出開明的革命派無產階級。列寧認為俄羅斯需要一群職業革命分子做先鋒，也就是一群像他自己這樣的激進化知識分子菁英，領導勞工發動革命，建立無產階級的臨時獨裁專政。

共產主義在二十世紀的各種化身含有許多問題，都可歸咎於列寧提出先鋒理論所反映出來的一種對人民失去信心的心態，也可以歸咎於後來所謂的馬克思─列寧主義（Marxism─Leninism）。所有的共產政權都自稱民主，但是自稱民主或多或少也暗示統治者認為人民還沒做好治國的準備，或者沒有治國的能力。正因為如此，現實世界的共產國家在應該是過渡的階段卻變得僵化，政治權力集中在先鋒的手上，獨裁專政也不是無產階級的獨裁專政，而是權力越來越集中的共產黨的獨裁專政。

喬治·歐威爾（George Orwell）在1937年寫道：「社會主義的擁護者，就是社會主義最差勁的宣傳。」悲哀的是二十世紀的社會主義國家與共產主義國家正好就證明了這句話。這些國家越是改革，就越是停留在現狀，其實其他國家的情形也一樣。資本主義的階級結構被嚴格的階級制度取代，新的政治階級為了自身利益統治國家。指令經濟（command economies）在有權無責的巨大中央官僚體系的貪腐指揮之下，既是步履蹣跚又缺乏效率，創造出來的不是盈餘，而是買麵包的排隊長龍，以及價格造成的暴動。幾乎在所有的例子當中，馬克思所承諾的沒有階級之分的天堂，很快地就變質成反面烏托邦的惡夢。

一言以蔽之：馬克思的不平靜的幽靈

19 社會民主主義

> 馬克思眼中的理想未來社會有三大支柱，分別是集體團結取代個人主義，自由取代剝削，人人平等取代少數得利，這些向來都是社會主義思想牢不可破的核心理念。至於該如何達成這些目標，一直都是激烈爭辯的焦點，也造成社會主義者之間嚴重的裂痕。

馬克思本人堅信唯有勞工發起激烈的革命，才能啟動資本主義轉為社會主義的變遷。而勞工最後必將起而反抗，打倒壓迫他們的資本主義者，進而廢除私有財產制，控制生產方式。革命派馬克思主義始終都是傳統的社會主義思想，不過從早期開始就有另外一種觀點，認為可以透過比較不激進的方式達到社會主義共同的理想。這種觀點與革命派馬克思主義的嫌隙日漸升高。經過一段時間之後，傳統馬克思主義者自成一派，主張可以透過革命之外的方式建立社會主義國家的人組成另外一派，這些人後來稱為社會民主主義者，從此就遵循和平且合乎憲法的社會主義路線，與革命派的表親所遵循的路線截然不同。

起源

漸進（非革命）社會主義路線是源自德國社會民主黨（Sozialdemokratische Partei Deutschlands，簡稱SPD）創立之初，教條爭議浮上檯面所引發的政治運動。該黨原本是一群社會主義組織所組成的聯盟，在1875年成為政黨，在當時就不甚和睦。這些所謂的修正主義者偏好以較為循序漸進，且較為和平的方式轉向社會主義，其中最重要的一位就是德國政治理論家與社會運動參與者愛德華・伯恩斯坦（Eduard

大事紀

1848	1875	1884	1899	1904
馬克思在著作《共產黨宣言》宣示社會主義的核心價值	德國社會民主黨成立	英國費邊社成立	愛德華・伯恩斯坦在著作《漸進社會主義》主張以非革命手段改革	羅莎・盧森堡在著作《改革還是革命？》（*Reform or Revolution?*）抨擊修正主義者

Bernstein）。他認為勞工的生活不但沒有惡化，整體而言還有所提升，主要是近年成立的工會施壓的結果。馬克思預測資本主義的危機必將降臨，也根據這個觀點提出了革命派理論，伯恩斯坦卻開始質疑資本主義的危機是否真的必將降臨，甚至認為資本主義出現危機並不是好事。伯恩斯坦在1899年的著作《漸進社會主義》（英文書名 *Evolutionary Socialism*）提到，社會主義如果能夠勝利，不會是因為某種假想的翻天覆地的階級鬥爭，而是因為社會主義減輕了窮人的苦難。他認為打倒資本主義只是達到社會主義某個目的的手段，社會主義最重要的目的是為社會上的弱勢贏得正義，要達到社會主義的目的，最可靠的方法是在現有的政治架構與政治程序當中運作，是要適應並且改革現有的體制，而不是推翻現有的體制再從頭開始。他相信假以時日，投票權全面普及之後，社會主義政黨取得勞工的選票，就能實現社會主義的目標。

> 「人人自由發展的條件是每個人都要自由發展。」
>
> 卡爾‧馬克思（Karl Marx），《共產黨宣言》
> （*Communist Manifesto*），1848年

像伯恩斯坦這樣的修正主義者提倡在民主環境推動社會主義，信任選舉與議會的機制，可想而知引發了傳統革命派社會主義者的強烈反彈。德國革命派羅莎‧盧森堡（Rosa Luxemburg）就在1904年猛烈抨擊民主路線，將議會政治斥為「資產階級行之有年的階級統治制度」。觀點上的重大分歧在第一次世界大戰之後更為惡化，俄羅斯在1917年爆發布爾什維克革命（Bolshevik Revolution），兩種路線更是壁壘分明。共產主義（革命派社會主義）政黨在歐洲各地如雨後春筍般出現，對抗堅持遵循憲政體制的眾多社會主義（社會民主主義）團體，路線的分歧就此制度化。

瑞典模式

瑞典在二次世界大戰前後不久建立了社會民主體制，後來對其他地方影響深遠。瑞典社會民主工人黨（Swedish Social Democratic Workers' Party，簡稱SAP）擁

1917	1932	1932	1989~1991	1997
約翰‧斯圖爾特‧密爾發表「論自由」一文	瑞典社會民主工人黨提出創造「人民的家園」的競選承諾，順利贏得大選	英國工黨建立福利國（welfare state）的基礎	東歐共產政權與蘇聯垮台	東尼‧布萊爾領導的新工黨採取第三條路線

費邊主義者

　　傳統的革命派馬克思主義始終未能在英國生根，英國（多半是）中產階級的知識分子偏好務實主義與循序漸進，1884年費邊社（Fabian Society）的成立就反映了這種心態。費邊社的名稱源自羅馬將軍昆圖斯·費邊·馬克西穆斯（Quintus Fabius Maximus）。他在布匿戰爭（Punic Wars）中對抗漢尼拔（Hannibal）時採用謹慎拖延的戰術，因此得到綽號「拖延者」。費邊社顧名思義，是主張非革命漸進主義。費邊社所提倡的「道德」社會主義是介於烏托邦觀點與革命派觀點之間的中間路線。費邊社比較喜歡間接發揮影響力，比較不喜歡發起社會運動，是建立1900年勞工代表委員會（Labour Representation Committee）的理論基礎的主要功臣。勞工代表委員會在六年後更名為工黨（Labour Party）。費邊社早先的成員多為較為文雅的上流人士，作風卻也一向積極進取，是第一個發動遊說，爭取最低薪資、全民醫療以及全國教育制度的團體。

有廣大選民支持，在1932年至1976年之間幾乎是毫不間斷地連續執政，著手開始實現打造「人民的家園」的承諾。「人民的家園」的主要特色是「從出生到死亡」的福利制度，所有的國民都能擁有安全感。瑞典經過一、二十年的努力，連續實施大膽的措施，如失業保險、家庭與住宅津貼、醫療服務、退休金計畫，以及擴大實施對象的教育制度，促使整個國家全然地改頭換面。

　　瑞典社會民主工人黨的社會方案是根據一個全新的經濟理論，也同樣地影響深遠。瑞典的社會民主主義者捨棄馬克思主義的核心信條「國有化」，推出「混合經濟」，也就是國內的工商業多為私人所有，卻也受到政府大量的管理。這種管理也包括各種對抗經濟變動的措施，如創造就業機會、投資公共建設與公共服務、提升勞力流動等等，在1930年代大蕭條期間首次推出，成效良好。瑞典社會民主的基石是以重新分配的稅制達成財富與所得平等，以經濟成長追求充分就業，提供全民福利制度，以及與強大的工會合作以提升勞工權益。瑞典社會民主工人黨根據這些指導原則，在消滅貧窮以及創造強大的社會凝聚力方面，創下了史無前例的佳績。

　　可想而知瑞典的例子給了其他國家的社會民主政黨一些鼓舞。並非所有的社會民主政黨都立刻拋棄傳統社會主義教條，舉例來說，英國工黨在1945年的大選贏得政權之後，一方面推行全國醫療制度，另一方面也控制主要的產業與公共事業。不過一般

而言，戰後的社會主義政府的政策重點還是透過有效干預，降低資本主義所造成的權力與財富的不平等，而不是全然廢除資本主義。經過一段時間之後，將創造繁榮的產業國有化就變得比較不重要，比較重要的是確保某些社會團體得以享有經濟繁榮所帶來的福利（例如醫療和教育）。

式微以及第三條道路

經過了幾十年的富足，戰後歐洲的社會民主政府打下了現代社會福利計畫的基礎，後來出現了許多可能改變這些國家命運的因素。漸進派社會民主主義者向來要面臨的挑戰就是在稅收以及投資公共服務之間，維持一個政治上能永續的平衡。對於英國、瑞典等國來說，這個平衡在1970年代和1980年代出現了嚴重的差錯，因為公共負債的失控飆升，傳統重工業因而逐漸衰退，政府與工會之間微妙的關係漸趨緊張化，並進而瀕臨破裂。至於這段期間的地緣政治，像是冷戰結束和共產主義垮台不僅拖累了社會民主主義，也導致社會民主主義長期以來介於蘇聯共產主義與美國個人主義之間的中間路線自此無以為繼。

全球化的力量推動資本與勞力在各國快速地流動，同時也逐漸地暴露出不具競爭力的陋習，並開始剝奪各國政府對本國經濟前途的控制權，問題是政府必須控制本國的經濟前途，才能延續社會民主干涉主義路線，因此從長遠的立場來看，全球化對社會民主主義的威脅更大。在大型多國企業遍布的網路世界裡，社會民主主義的抱負相對地越來越顯得落伍。面對這個危機，許多社會民主主義者開始籌畫「第三條道路」，也就是中間偏左的立場，結合了理念相符的資本主義，以及社會主義對於平等與福利的追求。1997年，東尼‧布萊爾（Tony Blair）領導的英國新工黨（New Labour）憑藉著第三條道路的先驅與擁護者的形象，在大選中贏得了壓倒性勝利。但是反對者仍然存疑，他們認為拯救社會民主主義（如果真的有拯救的話）的真正代價是社會主義的滅亡。

一言以蔽之：偏好漸進而非革命

20 多元文化主義

人類從來不會只停留在一處。幾千年來小至家庭，大至一國的人口，不知有多少人群從一處移居到另一處。這種遷徙或多或少都是非自願的，有些人是淪為奴隸或俘虜，因而被迫離開家園，也有些人是為了避開天災戰禍，不得不離開故鄉。另外還有些人是自由遷徙，通常是為了尋找更安全，或者是更多賺錢機會的生活環境。

移民遷徙的動機各有不同，不見得會攜帶實體的行李，卻一定會攜帶精神的行囊，也就是家鄉的語言、文化、習俗與歷史。至於他們到達新家以後，文化行囊的命運又會是如何，也是要看他們當初遷徙的動機。奴隸到了新環境，自然不能跟其他人平起平坐，自願遷徙的移民就不一樣了，會跟新環境的文化進行各種交流。有些人希望能完全融入新文化，願意就此捨棄故鄉的習俗，然後依從新環境的習俗，這是一個極端，另一個極端是有些人雖然跟新環境的人民生活在一起，還是保留了大部分家鄉的習俗，跟新鄰居來往也會嚴守家鄉文化的界線。

在人類史上大部分的時間裡，外來群體通常都必須（有時候是不得不）跟當地文化同化，也就是「融入」當地文化。不過到了近代，很多人認為我們應該要珍惜，要提倡文化多樣性，不應該壓制、恐懼文化多樣性，這種思想在西方自由派民主國家顯得格外的普遍。而這種態度也衍生出一種文化互動的理論，也就是多元文化主義。

大事紀

1820年代	1908	1915
歐洲人移居北美的大遷徙開始	伊斯瑞爾·冉威爾的劇作「熔爐」（The Melting Pot）在華盛頓特區演出	霍雷斯·卡倫的著作《民主與熔爐的對決》（*Democracy Versus the Melting Pot*）出版

熔爐

　　從1800年代早期開始，一波接著一波的歐洲人跨越大西洋，來到北美展開新生活，史上最大的一場文化融合實驗就此展開。在1830年至1980年之間的這一百五十年，共有三千五百多萬名歐洲人移居到美國，起先的歐洲移民多半是來自愛爾蘭和德國，後來越來越多來自南歐與東歐的移民也到美國定居。這些來自各地的外來種族一抵達美國，就很清楚自己要扮演的角色，就是要實現美國國徽上印著的偉大願景「合眾為一」，也就是說他們要經歷「美國化」這個融合的過程，美國文化會吸收他們的多元習俗與認同。

　　然而兩種文化的匯聚絕對不是個簡單的過程，雙方都一定會受到影響，匯聚之後會產生全新的結果，與原先的成分完全不同。美國人普遍把同化的過程比喻為「熔爐」，代表文化融合的複雜程度。「熔爐」一詞源自猶太作家伊斯瑞爾・冉威爾（Israel Zangwill）1908年發表的廣受歡迎的劇作的名稱。這齣戲的主角是一位猶

尋找社會凝聚力

　　從2001年9月11日開始，伊斯蘭份子接連對美國與歐洲發動攻擊，緊張的情勢逐漸升高，反對多元文化主義的人開始著重在「分裂的忠誠」這個議題上。研究發現絕大多數生活在英國的黑人與亞洲人（有些是移民，有些是在英國出生）認為自己是英國人。實證研究也發現不同種族的人們確實能夠共同生活，組成和平又正常運作的社會，同時又保留許多自己故鄉的習俗，實際上也不乏這樣的例子。不過各種族要能和平共處，顯然要有一些共同點。族群多元，忠誠也跟著多元，這種忠誠總是或多或少有些分裂。一邊的忠誠說要往東，另一邊的忠誠說該往西，會造成怎樣的後果？這種分裂惡化到什麼程度，就會導致不同族群的人民無法共同生活？需要多少的共同文化、認同與歷史，才能形成將多元文化的社會團結在一起的「凝聚力」？自由派可能會認為這種問題很難啟齒，更不用說回答了，可是必須要有強而有力的答案，才能避免反對多元主義的人利用人民的焦慮，藉機擴大社會分裂。

1957
根據記載，「多元文化主義」一詞首次出現

2001.9.11
伊斯蘭恐怖分子對美國發動攻擊

2004
法國通過法律，允許在學校穿戴明顯的宗教象徵物品

太移民，在祖國俄羅斯躲過了一場大屠殺，大聲讚嘆：「我知道美國是上帝的熔爐，是歐洲所有種族融合改造的大熔爐！……上帝在創造美國人。」翻開歷史就會發現，同化的過程並不見得都是出於善意，往往是統治者蓄意斷絕外來民族歷史悠久的淵源與忠誠，藉此統治外來民族。不過在美國，同化過程所影響的雙方通常都是抱持著希望與樂觀的精神，樂見其成。

多元萬歲？

法國是將文化融合的同化主義模式實踐得最為淋漓盡致的國家。法國認為理想的世界公民應該是要壓抑本身的種族差異（還有其他差異），至少在公共領域方面應該如此。政府的所作所為也偏向這個觀點，引發不少激烈爭論。政治右派的言論又火上加油，總是要移民「愛法國，不然就離開法國」。沙柯吉總統（Nicolas Sarkozy）的某些言論就特別輕率。他在2006年，也就是他當選總統的前一年，發表的言論就不太有和解的味道：「生活在法國，就要遵守法國的規矩，不可以三妻四妾，不可以給女兒行割禮，也不可以在自家浴缸裡宰羊。」

支持同化的現代理論多半是根據大致算是自由派的原則，以及認為「相同就是平等」的獨特觀念。這種理論主張社會正義就是每一個人都享有相同的權利與機會，因此不應該容許以種族、文化為由的歧視行為，而公民身分是授予權利，保障權利的憑藉，所以每個人都應該擁有相同的公民身分。到了近代，施行政教分離主義的共和派法國是最積極支持同化的國家，諸如能否在學校穿戴宗教象徵物品（特別是伊斯蘭教徒的頭巾「希賈布」（hijab））之類的議題，爭論最為激烈。

沙拉碗

大約就在冉威爾歌頌熔爐的好處之時，美國一位身兼大學講師與哲學家的移民霍雷斯·卡倫（Horace Kallen）提出截然不同的文化多樣性理論，認為美國如果能夠保留並重視種族、文化與宗教的多樣性，國家的內涵會更豐富，國力也能更為提升。卡倫口中的「文化多元主義」起初只是少數人的觀點，在二十世紀得到越來越多人的支持，到了1960年，文化多元主義成了一般人慣稱的多元文化主義（multiculturalism），也成為主流觀點，至少是美國知識分子的主流觀點。大家熟悉的熔爐也逐漸被其他的象徵取而代之，比方說馬賽克還有（幽默的說法）沙拉碗，各

種原料混合在一起，形成新的氣象，卻也各自保留了原本的特質與風味。

多元文化主義跟同化理論一樣，主要是以自由派的觀點作為依據。多元文化主義者堅決反對同化理論「相同即是平等」的觀點，堅持應該要容忍甚至鼓勵多元的生活方式，只要對其他人的生活不會造成負面影響就好。這種觀點所依據的理論多半來自所謂的「認同政治」（identity politics）。認同政治也改變了其他領域的政治行動。就好比同性戀者不再以「享有的待遇是否與異性戀者平等」作為衡量成功的標準，女權主義者也不再以「享有的待遇是否與男性平等」作為衡量成功的標準，包含移民在內的少數族群現在也主張他們的文化與價值觀也應該得到平等的認可，他們也有權以自己的方式表達自我。

反對多元文化主義的人經常質疑自由派的地主社會是否真能扮演中立的環境或母體，讓外來習俗可以平穩地落地生根。從最基本的層面來看，這個角色似乎前後不一致，因為自由派民主國家把中立看成一種規範或是道德規範，所以往往無法創造出少數族群可以展現文化差異的中立公共空間，反而是按部就班地扼殺少數族群的文化。如果多元文化主義也涵蓋了一些文化相對主義（cultural relativism），認為不應該批判少數族群的習俗，那自由派的地主國可能不得不保護一些他們認為不自由的習俗，例如強迫婚姻以及毀損女性生殖器。地主國再怎麼樣也必須對外來習俗展現一些寬容，但是有些外來族群卻不見得願意報以寬容。反對者認為這種不對稱的關係不但有道德上的問題，還會導致現代多元文化社會的成分彼此之間的關係緊張白熱化。

一言以蔽之：處理文化多樣性

21 勞工運動

> 「勞工運動是將困苦與絕望化爲希望與進步的推手。在勞工運動勇往直前奮鬥之下，經濟改革與社會改革帶來了失業保險、退休金、政府救濟金，最重要的是新的薪資水準，勞工不但可以三餐溫飽，日子也還算過得去。工業領袖並沒有領導這場改革。他們是一直抗拒，直到被擊敗才停歇。」

民權運動人士馬丁・路德・金恩（Martin Luther King Jr）在1965年發表演說，提及一般勞工的生活之所以得以改善，勞工運動功不可沒。他說的是在1930年代民生凋敝的經濟大蕭條期間，爲難以度日的勞工爭取福利的那些人。不過他的話也可以用來形容那些在之前的一百年，爲勞工發聲的那些領袖所付出的努力。

金恩演說的重點是勞工運動的一個重要層面，也就是工會主義（trade unionism）。在這個方面，勞工運動的目的是要透過集體行動，爭取更好的薪資與工作環境等條件。但是正如金恩所言，工人的待遇能夠改善，多半是克服了雇主的強烈反對才有的結果。勞工運動初期多半是爭取勞工權利，最重要的是爭取組織工會的權利。在某些國家（尤其是英國），基本權利的議題超出了經濟領域，成爲不折不扣的政治議題。

爭取認可

勞工運動始終是個含糊的概念，多少是因爲每個人眼中的勞工運動都不盡相同。從早年開始，一般勞工爲了改善自己的生活而發起的集體行動，對激進派與革命

大事紀

1848	1906	1917	1919
馬克思在著作《共產黨宣言》號召全天下的勞工團結起來	英國工黨成立	俄國革命爆發，從此俄國勞工享有組織工會的自由	共產國際成立，以發動全球社會主義革命爲目的

派就有一種強烈甚至是浪漫的吸引力，因此有不少人用理論架構分析並研究勞工運動，其中最具影響力的是馬克思的分析。他把歷史視為勞工階級與資產階級之間的階級鬥爭。馬克思眼中的勞工階級是一個理想化的階級，是一個同質化的團體，能夠發起集體行動對抗資產階級。在這個抽象概念形成之前以及形成的期間，出現了許多實質的勞工運動，是真人組成的團體為了增進和保護他們在勞動市場與職場的利益，發起了不計其數的行動。這種勞工運動在十九世紀前半大量湧現，先是出現在英國，後來又出現在歐洲與美國，是現代勞工運動的起源。一般來說，這種勞工運動在各地的面貌差異很大，發起的團體往往是特別成立的，因此壽命通常都很短暫。

工業資本主義的熔爐鑄造了一個往往很殘酷的新世界，而這種初期的工會活動就是勞工面對殘酷新世界的回應。在大致無法可管的工商體系中，剝削勞工的問題層出不窮，勞工透過集體協商，指派代表出面協商薪資之類的就業條件，可以得到一些保障，免於被剝削的命運。可想而知雇主眼見勞工意識抬頭，覺得自身利益受到威脅，自然就會反擊，不是自行解決，就是想辦法給勞工的行動設置法律障礙（通常都能成功）。在英國，最基本的勞工權利（也就是組織工會的權利）在整

1906年：重大的一年

1906年在英國勞工運動史上是個重要的一年。英國工黨（Labour Party）在這一年成立，幾十年來爭取勞工權利的政治運動達到高峰。工黨在1924年首度執政，從此成為勞工階級施展理念的政治工具。也是在1906年，英國通過勞動爭議法（Trade Disputes Act），給予英國工會民事案件的起訴豁免權，也規定工會的資金不得作為損害索賠的對象。這項法律權棄原則成為往後五十幾年英國勞工關係的準則，卻在1971年勞資關係法（Industrial Relations Act）通過之後遭到嚴重破壞。在老百姓的記憶中，英國勞工運動所承受的最慘痛的打擊發生在1984至1985年，當時英國礦工工會（National Union of Miners）發動了一場為期甚久又慘烈的罷工，造成社會分裂，後來由柴契爾夫人（Margaret Thatcher）領導的保守黨政府所平息。

1936	1971	1984~1985
西班牙爆發對抗法西斯主義的勞工運動	英國通過勞資關係法，禁止不公平的勞資關係	英國礦工工會遭到柴契爾政府鎮壓

個十九世紀都是爭論的焦點，直到二十世紀的第一個十年才圓滿解決。

邁向新的世界秩序

勞工運動的研究留下一個重要的遺產，就是對於國際主義的一種長久卻矛盾的信奉。馬克思在著作《共產黨宣言》（*Communist Manifesto*）號召全天下的勞工團結起來，認為各國之間沒有分別，而且全世界的資本主義制度遲早會被推翻，新的社會主義世界秩序就會形成。1919年，俄國革命（Russian Revolution）爆發的兩年之後，蘇聯領袖列寧（Lenin）懷抱這個願望，成立了共產國際（Communist International，又稱第三國際），宣稱要散布共產主義的信念，把反對資產階級帝國主義的力量團結起來，在全球各地發起社會主義革命。許多革命派共產主義團體自認為是國際勞工運動的一分子，就接受共產國際的領導。

> 「除了家庭關係之外，人類最強烈的情感連結應該是一種把天下勞工不分國籍、不分語言、不分血緣團結起來的情感。」
>
> 亞伯拉罕·林肯（Abraham Lincoln），1864年

共產國際的國際策略在1936年至1939年的西班牙內戰（Spanish Civil War）達到高潮，當時的國際縱隊（International Brigades，起初是在莫斯科招募，募集的軍力多為共產主義者與工會主義者）認為將西班牙從法西斯主義解放出來是（史達林口中的）「進步的人類」的責任。但是這種團結的表現是少見的例外。社會主義政黨與勞工政黨認為改變應該是從內部的改革開始，而不是革命，所以對共產國際以及共產國際的國際主義野心興趣缺缺。在實務上，一心一意為勞工爭取權益與更好的環境的全國勞工運動，通常只能把精力集中在國內政治與國內議題。反正到了1920年代晚期，大家都明白史達林操縱的共產國際的主要功能就只有推動蘇聯在海外的政策行動。

從富足到困乏

二次世界大戰之後的三十年是工會主義的黃金時代，也是整個勞工運動的黃金時代。在許多國家，向左派傾斜的社會民主政黨透過選舉贏得政權，象徵政府與勞工之間前所未有的密切合作的開始，因為重新分配的稅制與高社會支出削弱了資本主義，也改變了福利與生活環境。大量生產的方法逐漸普及，大規模的一般工會又多了一個

談判籌碼，也造就了長期經濟繁榮，幾個世代的新富勞工也得以享有更高的薪資，更好的工作環境，以及各式各樣的消費商品。

後來出現了無法逆轉的重大變遷，在經濟與政治層面改變了世界秩序，經濟繁榮的泡沫應聲破裂。最重要的變遷發生在二十世紀的最後二十五年，全球化的力量帶動資本與勞力在世界各地流動，充分就業、終身福利之類的社會主義願景變得難以實現。在所謂的後工業化時代，全球單一市場逐漸成形，國際競爭力至關重要。服務業無可抵擋的成長，壓縮了傳統重工業的生存空間，舊式的工會主義被形容成死板、老邁又落伍。在一個講求靈活，到處都是廉價勞力的世界，工會越來越邊緣化，越來越支離破碎，就算沒有完全被淘汰，談判的力量也大幅衰退，再也不可能發起中央集權的集體運動。思想的版圖也出現變化，主張法令鬆綁，讓市場力量自由發揮的新自由派理論崛起。

二十一世紀的第一個十年，是勞工運動一百年來最脆弱的時候。工會會員人數直線下降，與政黨長久以來的關係漸趨薄弱，動用資源的能力也大不如前。工會能不能重返往日榮景？在全球化的世界，勞工運動需要的是一套國際關係，將各國的運動串連起來，就可以一起爭取單憑一己之力無力爭取的共同利益。問題是勞工運動以前偏偏就是沒能建立國際關係，這真是天大的諷刺。只是不知道現在全天下的勞工還有多少共同利益，有沒有大到讓他們響應馬克思在一百五十幾年前的號召。

一言以蔽之：勞工團結起來

22 女權主義

在史冊記載的大部分歷史裡，女性的地位的的確確亞於男性，就只該待在家裡。直到過去的一百五十年，西方國家才總算將規定女性次等地位的法律從法典中移除。在此之前，女性受教育的機會不多，大多數的行業都將女性擋在門外。女性沒有投票權，也不能參選。大部分的人認為已婚女性不適合經營自己的事業，擁有財產也應該受到限制。的確，在某些方面，丈夫對待妻子就像處置私人財產一樣。

女權主義是較為近代的現象，主張男女在社會、經濟與政治方面應該享有平等權利。女權主義的崛起，見證了女權運動兩百年來的躍進，至少在西方國家，從前的人不假思索就接受的許多歧視行為，現在是完全不為社會所容。然而實現兩性平權的大業尚未完成，目前仍在努力。許多制度上的歧視已經正式廢除，但是長期下來根深柢固的歧視態度往往是在無意間表露出來，較難根除。女性仍然得面對各式各樣的屈辱與偏見，在職場要面對「玻璃天花板」和較低的薪資，在家庭和社會又要面對一般人對女性的能力與角色的偏見，這些偏見是許多人沒有經過思考就接受的。沒有一個國家能夠免於性別偏見的荼毒，在某些地方，性別歧視至今仍然受到法律的明文許可。

第一波：爭取投票權

歐洲文藝復興期間，「女性辯論」維持了一段很長的時間，說穿了往往只是文學上的模擬辯論，為女性辯護的一方主張女性絕非天生輕浮又低等。辯論很優雅，可惜效果不彰。在英格蘭，一般認為是瑪莉・吳爾史東克拉芙特（Mary Wollstonecraft）

大事紀

1792	1869	1894	1918
瑪莉・吳爾史東克拉芙特抨擊女性地位低於男性的現象	約翰・斯圖爾特・密爾的著作《女性的屈從》出版	根據記載，「女權主義者」一詞首次出現（「女權主義」一詞在隔年首次出現）	英國賦予三十歲以上女性投票權（1928年改為二十一歲以上，和男性一樣）

> 「我深深相信，女性不可勝數的愚蠢，都要歸功於男性的暴政……讓女性擁有與男性平等的權利，女性就能展現男性的才幹。」
>
> 瑪莉・吳爾史東克拉芙特，1792年

給效果不彰的女性辯論注入熱情與急迫感。她是瑪莉・雪萊（Mary Shelley）的母親，也是（霍雷斯・華波爾（Horace Walpole）口中的）「穿著襯裙的鬣狗」。她在1792年的著作《女權辯護》（*A Vindication of the Rights of Woman*）為「受到壓迫的半數人類」大力爭取正義與平等，尤其抨擊限制女性的教育制度與教養方式「培養出盲從依賴、思想文弱」，生平大志就只有打理外表、取悅男性的女性。她堅稱女性要是能有男性的機會，聰明才智絕對不會輸給男性。

吳爾史東克拉芙特1797年逝世之後的幾十年間，女權的呼聲越來越高，到了十九世紀中期，女權大業又多了約翰・斯圖爾特・密爾（John Stuart Mill）的大力支持。密爾在1869年的著作《女性的屈從》（*The Subjection of Women*）主張：「女性在法律上地位次於男性……應該由完全平等的原則取而代之，一方不應享有特權，另一方也不應受到限制。」在美國和歐洲，廢除奴隸制度運動也助了女性解放運動一臂之力，因為支持廢除奴隸制度的女性發現，她們為黑人爭取的政治權利，在很多方面比她們自己的權利還要好。

在1920年代之前，女權主義者的心血都花在爭取女性投票權上。客氣的遊說碰上根深柢固體制的反對，漸漸變得激進，有時甚至是暴力。在大西洋兩岸，爭取女性投票權的人士發動一場毫不妥協的運動，透過抵制、示威、縱火與絕食抗議等手段表達訴求。這種激進主義很快就成為女權主義的標誌，最後終於開花結果，英國（1918年與1928年）與美國（1920年）相繼立法賦予女性投票權。

1920	**1949**	**1960年代**	**1990年代**
美國憲法第十九條修正案通過，規定不得以性別為由剝奪人民的選舉權	西蒙波娃（Simone de Beauvoir）著作《第二性》（*The Second Sex*）出版	女權主義第二波開始	女權主義第三波開始

女性的奧祕

在1950年代和1960年代經濟繁榮的那些年，美國中產階級女性的生活似乎是前所未有的美妙。溫暖舒適的家有完美的丈夫、乖巧的孩子，還有幾百樣精巧的設備，美國的家庭主婦從未像這樣輕輕鬆鬆就能化身成為家務女神。貝蒂・傅瑞丹（Betty Friedan）在1963年的著作《女性的奧祕》（*The Feminine Mystique*）道破了這首郊區田園詩的瑕疵。美國的家庭主婦一天到晚被灌輸的思想就是自己的生活像童話般美好，久而久之自己都信以為真，但是就在表象之下隱藏著截然不同的現實，也就是單調又令人麻木的郊區家管生活、有限的視野，以及缺乏抱負。傅瑞丹的暢銷書喚醒了美國女性，燃起她們的意識，不過她們已經準備好要改變了。

第二波：女權運動

贏得投票權是女權主義的一大勝利，但是在西方國家，生活的每一個層面幾乎都充斥著男女不平等。1848年，第一場女權會議在美國紐約州塞內卡瀑布（Seneca Falls）舉行，通過一項決議案，要求政府給予女性「與男性平等的各種就業與經商機會」。七十幾年過去了，擺在眼前的悲哀事實是這項決議案幾乎沒有進展。當初爭取女性投票權的那種為共同的目標而奮鬥的感覺，很快就煙消雲散。女權運動先是失去焦點，接踵而至的全球大蕭條與世界大戰更是雪上加霜，導致女權運動偃旗息鼓、支離破碎。廢除奴隸制度運動點燃的熱情掀起了所謂的女權主義的「第一波」。1960年代是民權、越戰、嬉皮文化與學運的時代，也是希望與危機並存的新時代，開啟了女權主義的「第二波」。一時之間新的主張如雨後春筍般在各地出籠，意在匡正為數眾多的不公平現象。但是這一波遍地開花的新行動，也讓女權主義者分歧的意見浮上檯面。

自由派（也就是主流派）女權主義者傾向採取務實路線，爭取在每個領域都能和男性平等。對主流派女權主義者來說，首要目標就是消滅各種歧視，要把妨礙女性打破職場「玻璃天花板」的正式與非正式規定一一消除，要給予女性適當的產假權利和育兒措施，還要確保女性擁有平等的教育訓練機會。

有這些自由派的女權主義者，也一直都有比較激進的女權主義者。早在1898年，美國無政府主義者領袖艾瑪‧高德曼（Emma Goldman）就對「只要贏得投票權就能得到解放」的想法嗤之以鼻。她認為女性唯有「不讓任何人支配她的身體，不生育（除非自己想生育），不做上帝、國家、丈夫與家庭的僕人」才能擁有真正的自由。後來的女權主義者也開始質疑，究竟該不該爭取男女在所有領域都要平等。在一個結構異常的世界，在一個原本就主張男性享有主導地位的制度，究竟該不該以「女性拿到多少權力與特權」作為「女性長久以來的從屬地位有沒有被顛覆」的指標呢？對許多女性來說，能夠依照男性的規則擊敗男性，在男性的競賽與男性對決，是不夠的。

> 「我努力帶領女性擺脫在家裡用吸塵器的宿命，不是為了要她們去做吸塵器公司的董事。」
>
> 澳洲女權主義作家吉曼‧基爾
> （Germaine Greer），1986年

第三波：全球姊妹情誼

在二十世紀即將邁入尾聲之時，「第三波」女權主義崛起，或多或少是為了要改正前幾代的女權主義者的短處。第三波的聲勢與內涵都與先前不同。有別於前輩較為認真的形象，第三波女權主義者自己明白自己很精明、愛挖苦、會傷人又急躁，刺耳的「女孩力量」（girl power）取代了「權力歸花兒」（flower power），瑪丹娜（Madonna）賣弄的自信取代了瓊‧拜雅（Joan Baez）的自省與苦惱。

不過光鮮亮麗的表面背後還是有內涵的。第二波女權主義號稱要邁向「全球姊妹情誼」，可是參與的幾乎全是富有的白人女性，有人認為第二波有個宿疾，就是沒能真正了解黑人與第三世界女權主義者的需求與抱負，而黑人與第三世界女權主義者常常覺得遭到邊緣化，覺得自己被人看成依附他人而活。第三波毫不費力就能體察這種感覺，接納了新的聲音，達到前所未有的包容與多元，有希望成為真正的全球女權主義。

一言以蔽之：邁向全球姊妹情誼

23 綠色運動

我們只有一個地球。在可預見的未來，地球都會是我們唯一的家。地球要能繼續提供我們食物與其他資源，還要能繼續消化我們製造的廢棄物，我們才能生存下去。地球在過去幾萬年都能滿足這些需求，可是近年來地球的負擔大增。根據估計，現在地球的人口是1700年代初期的十倍多，平均每一個人對地球有限資源的需求都比1700年代初期高出許多。

在整個十九世紀，工業化程序加上人口急速成長，人類對自然生態系統的破壞能力也大為增強，因此越來越多人擔憂人類活動對環境的影響。從那時開始，面臨資源逐漸耗盡，對資源的需求卻不斷增加，人類憑藉智慧與科技，發展出更有效率的新方法，滿足對資源的需求。到目前為止，我們都能避開災難，但是地球明顯承受壓力，所以顯然不能永遠維持現狀。

變動的模型：永續性

氣候變遷這個議題近來將人類對環境的憂慮拉到新高，不過現代綠色運動其實在幾十年前就已經開始，可以追溯到1960年代晚期。起先大致只有幾群科學家與知識分子關注環境議題，後來這股擔憂迅速蔓延開來，許多專門提倡環境議題，遊說政治行動的綠色政黨與非政府組織應運而生。早期的綠色運動人士往往只關注他們關心的議題，鎖定棲息地流失、保育以及民間與軍方使用核能之類的特定議題。

環保人士當時的中心思想（現在仍然這麼想）是我們現在的高耗能生活方式是

大事紀

1700	1960年代	1970年代初期	1971
全球人口總數約為六億	第一次有人提出警告，主張人類活動可能會造成全球暖化	根據記載，「綠色」一詞第一次用來形容與「環境保護主義」與「生態」相關的事物	綠色和平（Greenpeace）成立，以倡導環境保護為目的

無法永續的。尤其是西方國家創造了以不斷攀升的消費刺激經濟成長的模式，外銷到其他地方，這種模式也無法永續。我們與自然界的關係已經變得失衡又異常。

> 「我們並不是從列祖列宗手裡繼承土地，只是先向我們的後代借用土地。」
>
> 美國原住民諺語

我們的所作所為好像地球是個應該征服，應該馴服的對象，好像地球是個可以揮霍的資產，好像地球是個可以掠奪的資源。面對這個令人憂心的問題，環保人士普遍認為永續發展才是解決之道。所謂永續發展，就是所有的經濟活動（以及其他活動）都要顧及對環境的影響，避免環境惡化，也避免天然資源長時間下來被消耗殆盡。拯救地球就是拯救自己，要拯救地球就要改變態度。「我們之所以濫用土地，是因為我們把土地當成自己擁有的商品。」美國生態學家奧爾多・利奧波德（Aldo Leopold）在1949年發表的頗具影響力的著作《沙鄉年鑑》（*A Sand County Almanac*）中寫道：「我們如果把土地視為一個我們共同擁有的社會，也許就能開始以愛和尊敬的態度使用土地。」

開明的管理

環保人士一致認為我們與地球的關係出了嚴重的差錯，問題是人類與地球的關係應該怎樣才算理想，環保人士又沒有定論。許多綠色運動的先驅起初是發覺人類濫用地球

> 「對蜂巢有害的東西，不可能對蜜蜂有益。」
>
> 羅馬帝國皇帝馬可斯・奧里略（Marcus Aurelius），
> 《沉思錄》（*Meditations*），西元第二世紀

資源，給自己帶來危機，因此發起綠色運動。在綠色運動的言論當中，人類面臨的威脅往往是福祉或生存受到威脅。綠色運動主張我們對於同類以及後世子孫必須負起道德責任，因此必須改變。綠色運動是以人類為中心，認為人類應該擔任「開明的管理者」，秉持正確的生態意識，加上謹慎的態度與自身利益考量，以尊重、和善的態度，當然還要以永續的方式管理我們脆弱的地球。

1972	1986	1992	2009	2010
全球第一個綠色政黨價值黨（Values Party）在紐西蘭成立	車諾比核能發電廠爆發事故，導致放射性物質外洩	第一場聯合國地球高峰會（Earth Summit）在巴西里約熱內盧舉行，討論永續議題	在哥本哈根召開的聯合國氣候變遷會議（UN Climate Change Conference）並未達成重大協議	全球人口總數約為六十八億

「人類長久以來，都是以片面的眼光看事情，社會環境也一向帶有毀滅的潛質……我們在這個時代應該開創一項大業，一定要睜開另一隻眼睛，以全面、整體的眼光看事情，修補並跨越人類與大自然之間的裂痕……」

美國無政府主義者、環境保護先驅穆瑞．布克金（Murray Bookchin），1982年

聯合國世界環境與發展委員會（World Commission on the Environment and Development）1987年的一份報告（以《我們共同的未來》（*Our Common Future*）為題）也呼應這種觀點。報告將永續性定義為「能滿足現在的需求的發展行為，並且不會影響到未來的世代滿足他們的需求的能力」。這種方式承認改變人類的行為要比改變人性來得容易，因此較為務實。報告並沒有主張「現在的需求」根本是錯誤的。的確，報告接下來主張「如果有能讓現有的自然環境資源永續且擴充的政策，我們或許能看到新的經濟成長時代」。這份報告的觀點比較正面，也容易為政治人物所接受，就是說我們並不需要放棄所有的抱負，只是要以更聰明、更和善的方式實現抱負。

深生態學

除了這種較為務實的看法之外，另外還有一些向來比較理想化，比較不願意妥協的綠色運動人士。他們堅決反對「開明的管理者」的形象，認為這代表人類與自然界的關係不平等，是人類在剝削自然界。地球以及居住在地球上的豐富的生物並不是因為能為人類所利用，能滿足人類的需求才有價值，也不是因為好看或者能豐富人類的生活才值得人類重視。的確，許多跟我們一起生活在地球上的物種是既不美觀又不實用，但是本身還是有價值。我們不只要對同類，對後世子孫負起道德責任，還要對其他物種以及地球負起道德責任。為了拯救自己而拯救地球是不夠的。我們不需要謹慎精明，而是需要更了解生態，要跟自然界以和諧且平衡的方式共處，因為我們並不是獨立於自然界之外，而是自然界的一分子。

重新思考不容質疑的道理

　　一般認為全球暖化將造成嚴重後果，如冰河倒退、海平面上升等等，因此綠色運動人士與各國政府不得不重新評估並且大幅地調整他們的優先次序。雖然仍有不少人存疑，不過目前大致的共識是氣候變遷是真實的，緊迫的，而且確有可能釀成災難，各國政府必須以史無前例，大幅超越以往的規模通力合作，共同面對嚴峻的挑戰。然而到目前為止，各國迎接挑戰的意志是薄弱得可憐。在此同時，環保人士也開始質疑許多至高無上，不容批評的道理。減少二氧化碳排放量是當今的首要目標，許多綠色運動人士就公開質疑那些長期反對核能發電的人，認為至少可以把核能發電看成一個過渡期間的解決方案，等合適的再生能源科技問世再說。環保問題的根源是消費主義的成長經濟，而在一般人眼中，資本主義向來都是帶動消費主義的成長經濟的邪惡引擎，現在有綠色運動人士認為資本主義可以在綠色運動扮演重要角色。只要建立合理的二氧化碳稅制，要求排放二氧化碳的人支付環境遭到破壞的所有成本，說不定市場力量就是將二氧化碳趕出全球經濟的最佳利器？

　　最具影響力的「深生態學」（Deep Ecology）理論就是蓋婭理論（Gaia Theory），是由英格蘭獨立科學家詹姆斯·洛夫洛克（James Lovelock）在他1979年的著作《蓋婭：大地之母》（*Gaia: A New Look at Life on Earth*）提出。他的中心思想是地球上的生物會維持自己生存所需的環境。他認為我們的「不穩定的成分組成的穩定的地球」是由巨大的回饋機制（feedback mechanism）維持平衡狀態，而回饋機制是由地球上的生物與非生物所有的制式活動所發動。人類是這個整體的一分子，但是人類說穿了「只是地球上眾多物種之一，既不是地球的主人，也不是地球的管理人」。蓋婭理論的啟示是我們要維持地球健康，就要用地球的角度思考，還有一個不祥的弦外之音，那就是不管我們如何糟蹋地球，地球應該還是會活下去，而且地球沒有我們也照樣能活下去。

一言以蔽之：修補裂痕

24 法西斯主義

> 有時會有人把1920年代與1930年代在歐洲出現的幾個邪惡的法西斯政權，和大約同時期俄羅斯的史達林主義獨裁恐怖政權做比較。共產政權與法西斯政權都直接導致數百萬人遭受到難以想像的苦難和死亡，所以就道德而言，或許兩者並沒有太大的差別。

蘇聯的恐怖統治的罪魁禍首是一位不正常的暴君，不是共產主義思想，但是翻遍正統的馬克思主義與列寧主義，也找不出任何道理爲史達林的暴行辯護。史達林的法西斯恐怖統治說穿了就是按部就班，澈底實踐明確宣示的政治信條。

闡述法西斯信條的人當中，最值得注意的是墨索里尼（Benito Mussolini）。他是義大利法西斯黨的領袖（元首），也是歐洲第一位獨攬政權的法西斯獨裁者。他在1932年發表「法西斯主義的信條」一文。這篇文章後來成爲《義大利百科全書》（*Enciclopedia Italiana*）「法西斯主義」條目的部分內容。一般認爲這篇文章大部分的內容其實是自稱「法西斯主義哲學家」的喬瓦尼·秦梯利（Giovanni Gentile）撰寫，不過這篇文章始終是法西斯思想的起源文獻之一。

集權國家

法西斯主義在不同地方的面貌差異很大，這有時也讓現代評論家一頭霧水。法西斯領袖制定政策、發表演說，向來都要迎合當地的情況。然而從墨索里尼的著作可以看出，法西斯主義最大的原動力是（而且永遠都是）極端民族主義，是一種劇毒且

大事紀

1917	1919	1922	1933
「俄國革命」引發整個歐洲對共產主義的恐懼	「凡爾賽條約」引發的不滿埋下了日後法西斯政權的種子	墨索里尼在進軍羅馬之後，出任義大利總理（1925年成爲獨裁者）	希特勒（Adolf Hitler）出任德國元首

暴力的激情，經過偏見、愛國主義與
宣傳火上加油，且一心一意盲目追求
「最強大的國家」的狹隘概念。

> 「法西斯信條的基礎就是法西斯主義對於國
> 家、國家的本質、國家的功能，以及國家的
> 目標的概念。法西斯主義認爲國家是絕對
> 的，個人和團體都是相對的。」

義大利法西斯獨裁者墨索里尼，1933年

　　法西斯國家不只要建立一種新
的社會，還要創造一種新的人類，
生活在這個社會裡。爲了達到這個目標，國家擁有絕對的權力，理所當然有權干預人
民生活的所有層面：「我們是……一個控制自然界所有力量的國家。我們控制政治力
量，我們控制道德力量，我們控制經濟力量。」法西斯國家全面控制一切，有人發明
「極權」一詞形容這種情況：「一切都在國家之中，沒有反對國家的力量，國家之外
什麼都沒有。」這種專制政治的一個特色就是人民沒有權力，至少個人的特色被消
滅，活著就只爲了國家全體的生活。完全失去自我，澈底融入國家整體的生活「更爲
優越，以責任爲本……個人犧牲自我，就能放棄私利。個人藉由死亡，就能達到純粹
以精神存在的境界，展現做人的價值。」法西斯主義也的確達成這個目標，不只是表
現在墨索里尼的文章之中，也表現在令人不寒而慄的現實之中。英格蘭日記作者哈
洛德‧尼柯森（Harold Nicolson）1932年1月住在羅馬，見證了法西斯主義的成功：
「他們真的把整個國家變成一支軍隊。一個人從出生到死亡都在**法西斯主義**的模子
裡，無處可逃……這種模式摧毀個人的特色，當然是一種社會主義的試驗，也摧毀了
自由。」

　　從全然崇拜到國家邪教只有幾步之遙。國家在國人眼中成了有知覺的生物或神祇
（根據墨索里尼所言，國家「極度清醒，也有自己的意志」），就會出現精神層面。
國家的精神層面就是所有道德價值的匯聚與焦點（「沒有一種人類價值或精神價值能
在國家之外生存，更不用說有價值」）。國家邪教一旦經過這種神聖化的過程，很快

1933

法西斯政黨長槍黨在西班牙
成立（從1937年開始成為佛
朗哥的執政黨的一分子）

1945

墨索里尼與希特勒相繼逝
世，「法西斯主義時代」
結束

1975

最後一位法西斯獨裁者弗朗西斯
科‧佛朗哥（Francisco Franco）
逝於馬德里（Madrid）

一鍋毒釀

墨索里尼將法西斯主義視為一種以國家為中心的邪教，西班牙法西斯政黨長槍黨（Falange）的創始人普里莫‧德里維拉（José Antonio Primo de Rivera）也抱持相同看法。他在1933年宣示：「法西斯主義之所以誕生，並不是要鼓勵眾人信奉右派（右派說到底就是要保留一切，連不公不義的都要保留）或是左派（左派說到底就是要毀滅一切，連好的都要毀滅），而是要鼓勵眾人相信一個共同的整體，相信國家信仰。」普里莫‧德里維拉也主張法西斯主義是一種混合的主義，涵蓋了共產主義與民主自由主義之類的法西斯主義骨子裡厭惡的思想。1933年，就連即將成為希特勒政府空軍元帥的赫爾曼‧戈林（Hermann Göring）都認為納粹主義是寄生在敵對的思想上。他在1933年的演說中表示：「我們的大業是研究懦弱的馬克斯主義，從中擷取社會主義的意義，也研究懦弱的中產階級政黨，從中擷取他們的民族主義。我們把這兩樣東西扔進大鍋，煮出來的綜合體就是我們的生活方式，清晰無比，就是德國民族社會主義。」

就會發展出宗教的繁文縟節，如一套複雜的符號、慶典、儀式、淨化與獻祭。歐洲國家的法西斯政權多半都是如此。

墮落與救贖

邪教常常都有一個創教神話，就是墮落之後會有救贖。對於法西斯神話製造者而言，第一次世界大戰悲慘不堪的結局給了他們一個煽動人民渴望國家重生的機會。在受到法西斯政權荼毒的幾個國家，凡爾賽條約（Treaty of Versailles）帶來了仇恨與受害的感覺，這些國家的人民多半都怪罪當時執政的自由派民主政府軟弱無能。

在義大利，墨索里尼之所以能在1922年成功進軍羅馬（March on Rome），後來又建立一黨獨裁政權，多半是因為當時的義大利人民普遍對義大利的自由派機構感到不滿，尤其是不滿政府沒能在戰後的協商中爭取到人民所期待的領土。而在德國，人民承受戰敗的屈辱，又因為割讓領土而忿忿不平。德國身為戰敗國，必須支付鉅額賠款，加上嚴重通貨膨脹，一般人民的生活迅速崩壞，爆發經濟危機，民怨因而加劇。在義大利與德國，法西斯宣傳者利用國家尊嚴的許多傷口，經過一段時間之後，創造出一個關於國家衰退與屈辱的無懈可擊的神話。因此像墨索里尼就可以天馬行空，把義大利人民形容成一個「好幾百年來忍受屈辱，受外國人奴役」的民族。

衰退的解救之道就是國家重生，也就是重組國家，回到（多半是杜撰出來的）黃金時代。極端民族主義政黨給了人民抹去恥辱汙點的希望。這個神話有個很重要的部分（尤其是在德國），就是宣稱民族血統的純正遭到汙損。這種對於血統純正的偏執在多半是捏造的科學理論搧風點火之下，最終製造出強制「安樂死」與大規模種族屠殺這種夢魘般的種族政策與優生政策。

懼怕陰影

受害情緒的另一個層面是受到迫害與偏執的感覺，法西斯宣傳者擅長製造舉國恐懼的氣氛。在國家之內，自由主義者、社會主義者、工會主義者（trade unionist）之類的法西斯主義眼中的「異己」都被無情鎖定。法西斯宣傳者又刻意散布「外國的惡毒陰謀」，煽動人民心中的恐懼。納粹德國特別鎖定猶太人（不過猶太人並非納粹德國唯一鎖定的對象）。對於一般的法西斯主義者而言，最可怕的魔頭還是共產主義。這裡的重點是害怕發生事情，而不是事情本身。正如義大利作家席羅內（Ignazio Silone）所言，法西斯主義在很多方面都是「反對一場從未發生過的革命」。1917年俄國革命（Russian Revolution）之後，一般人對於所謂的「共產主義的威脅」深為驚恐，法西斯領袖即是不斷地利用這種恐懼，透過言論與宣傳，把共產主義形容成逐漸逼近的最可怕的東方「紅禍」，要對抗這種危機，需要鐵的紀律、人民的犧牲以及堅強果決的領袖，也就是像墨索里尼與希特勒這樣的人。

拒絕誕生的未來

「法西斯主義者」的英文字fascist源自拉丁文fasces，是呈現在羅馬行政官面前的一捆棍棒與一把斧頭，象徵他們的權力。這個字象徵墨索里尼與其他法西斯領袖的右派獨裁政黨的特色，也就是不受約束的權力，同時也暗指法西斯主義執著於一段神話般偉大的過去，認為輝煌的日子雖然已成歷史，還是很快就會重現。以義大利為例，這段輝煌的過去就是古羅馬逝去的榮耀。法西斯主義有明顯的眷戀過去的傾向，明顯到不時有人認為法西斯主義是反對現代化。正如英格蘭政治人物安奈林・貝文（Aneurin Bevan）於1952年所言：「法西斯主義嚴格來講並不是一個新的社會秩序，其實它是一個拒絕誕生的未來。」

一言以蔽之：一切都在國家之中，國家之外什麼都沒有

25 基本教義主義

> 基本教義主義的精髓就是篤定。所有的宗教基本教義派都認為只有他們才能透過某種上帝的啓示，得到某些毫無疑問絕對正確的基本眞理。因為他們的思想是毫無疑問絕對正確，所以別人的思想要是跟他們的背道而馳，那就是毫無疑問絕對錯誤。基本教義派認為他們的思想是無比的重要，所以應該要硬塞給與其觀念不同的人。他們認為這是符合道德的行為，是他們的責任。如果自己是對的，上帝的意志又受到蔑視，那寬容就不是一種美德了。

　　九一一攻擊事件之後，伊斯蘭基本教義主義成為各方關注的焦點，其他型態的思想就較少有人注意，其實另外還有無數的意識型態與正統思想的世界觀就跟伊斯蘭基本教義主義一樣極端。在過去五十年間，基督教、猶太教、印度教與佛教等各大宗教都見證了基本教義派團體的崛起。激進派堅信他們的大業是唯一的眞理，不惜犯下各種暴行，從大規模恐怖攻擊以及不分對象的自殺炸彈攻擊，到鎖定曾經冒犯他們的個人與機構發動攻擊。

　　基本教義主義原本是宗教的意識型態，但是基本教義派通常不願意將宗教與其他領域區隔開來。基本教義派的觀點是極權主義，想要追求政治權力，如此才能將社會澈底改造成符合他們的原則。十八世紀以來，世俗化的過程塑造出西方民主國家。一般認為這種世俗化的過程是宗教信仰衰頹的主因，也是基本教義主義再度崛起的主因。就是因為這個道理，自由價值與民主價值往往是基本教義派主要攻擊的目標，基本教義派政權一旦掌權，首先遭殃的就是自由價值與民主價值。

大事紀

20世紀初	1920
新教基本教義主義在美國崛起	羅斯創造「基本教義派」一詞

自由者家鄉的基本教義主義

　　九一一攻擊事件之後，美國領導的「反恐戰爭」就被形容成西方的自由價值與民主價值，對抗基本教義派伊斯蘭的黑暗與壓迫勢力。這種說法其實會造成誤導，至少是忽略了基本教義派思想在美國政治與民間的力量。的確，「基本教義派」一詞最初是形容某些美國基督教徒的極端反動運動，後來演變成一群受到意識型態驅使，且立場強硬的人的行動。

　　美國的福音派新教徒在二十世紀初發起基本教義派運動，原本是為了反對現代化，後來其他名為「基本教義派」的宗教運動也是追求同樣的目標。「自由派」神學家主張以象徵或隱喻的角度解讀《聖經》與福音裡的神蹟，更能符合近代的社會、文化與科學趨勢，卻遭到宗教保守派反對。主要的保守派神學家認為自由派在教義上妥協，會破壞上帝啟示的精義，因此大為不滿，主張信仰的「基本」擁有至高無上的地

不容小覷的勢力

　　「現在幾乎在美國任何一個地方，隨便從臥車窗戶扔個雞蛋出去，都能砸中一個基本教義派。」這是美國諷刺作家孟肯（H.L. Mencken）在新教基本教義主義誕生時所說的話。1920年代的美國是如此，現在仍然是如此。最近的研究發現大約三分之二的美國成年人認為整個世界以及世界上的動物植物就如同《聖經》「創世紀」所記載，是從過去一萬年的某一天開始，花了六天創造出來的。換句話說，現在百分之九十九的科學家所理解的地質學、宇宙論與演化論等眾多學說的基本原理，都被全球最強大的國家的多數人民否定，就算沒有明確地否定，至少也是暗示地否定。數量就是力量，至少在民主國家是如此。擁有數百萬美元身價的電視福音傳道人帕特·羅伯遜牧師（Reverend Pat Robertson）創立了極右派的基督教聯盟（Christian Coalition）。他在1990年宣稱：「我們的選票足以拿下政權。」這話並不是吹噓。沒有一個美國總統候選人膽敢疏遠宗教右派、忽視宗教右派極端保守的政見，這是美國政壇不變的真理。

1960年代	1990年代中期	2001.9
福音傳道廣播節目遍及全美	塔利班掌握阿富汗政權	九一一攻擊事件爆發，「反恐戰爭」開打

> 「我研究過的猶太教、基督教與伊斯蘭教的每一個基本教義派運動，都是打從心底相信世俗的自由派社會想要消滅宗教。」
>
> 宗教評論家凱倫・阿姆斯壯，2002年

位。信仰的「基本」包括童貞女生子（virgin birth）、耶穌復活、神蹟的絕對真實性，還有《聖經》的內容絕對無誤。一家浸信會期刊的編輯羅斯（Curtis Lee Laws）在1920年用「基本教義派」形容那些「仍然堅守重要的基本，為了信仰不惜展開混戰的人」，是第一個使用「基本教義派」一詞的人。

堅定不移服事上帝（或眾神）

傳統主義的福音派教徒相當尊崇古老的《聖經》，其他宗教的基本教義派也有類似的崇敬之心。不同宗教的基本教義派尊崇不同的聖典，但是所有的基本教義派都堅信自己尊崇的聖典就是上帝（或眾神）的話語，是代表上帝（或眾神）的意思中最權威的文獻。基本教義派認為聖典的教義不能任意解讀，教義內含的教令必須嚴格遵守，而且聖典揭示的上帝意志是永恆不變的，所以極端的保守主義理所當然就成為基本教義派的特色。極端保守主義者往往必須毫不猶豫地信奉現有的傳統，抗拒所有社會變遷的力量，常常還想重新建立一個他們認為優越的昔日國家（通常是一段想像出來的理想化的歷史）。

所有類型的基本教義派在社會事務與道德事務上都是極端保守，西方國家過去三百年努力爭取來的政治權利與公民權利，多半都被基本教義派公然摒棄。西方自由主義珍視的觀念，如文化包容與宗教包容、言論自由、性別平等以及同性戀者人權，都遭到基本教義派嚴厲地譴責。創立道德多數會（Moral Majority）的美國基本教義派倡導者傑瑞・法威爾（Jerry Falwell）展現出基本教義派堅持立場與毫不妥協的一面。他在九一一攻擊事件之後立即的反應就是怪罪「異教徒、支持墮胎者、女性主義者、男同性戀和女同性戀……這些人都要把美國世俗化」。

參與還是退出？

基本教義派面對現代化，有時會有些猶豫不決，不知道是該遠離社會，還是要參與社會，消滅他們眼中社會的許多過錯。有些基本教義派相信救世主與上帝的啟示，

與惡魔共枕

　　從基本教義主義與現代科技之間痛苦的關係，最能看出基本教義主義對於現代化的矛盾心理。美國基督教基本教義派認為科技的許多層面都是惡魔的傑作。在醫學領域，安樂死、墮胎、代理孕母、幹細胞研究（還有其他很多項目）都遭到基本教義派反對。反對的原因通常是違反生命的神聖性之類的原則。基本教義派一面譴責科技，一面又非常聰明地利用科技的成果達到自己的目的。舉例來說，電視上似乎永遠不缺福音傳道人，他們先是用廣播、電視，現在又用網路向廣大觀眾大量放送傳道節目。觀眾看了節目之後，為了支持上帝的大業，馬上就慷慨解囊。1990年代中期的阿富汗，是極端保守的基本教義主義與現代科技的一個更奇異的結合。當時伊斯蘭極端派塔利班（Taliban）政權想要利用手機，讓阿富汗社會回到石器時代。從2001年底開始，塔利班政權垮台，基地組織（al-Qaeda）也被逐出位在阿富汗的大本營。恐怖組織轉而利用網路空間，而且效果很好。伊斯蘭的戰士除了AK-47突擊步槍（Kalashnikov）之外，突然還多了筆記型電腦這個利器。網路咖啡館也成為反西方的聖戰的後勤中心與策劃中心。

認為救世主總有一天會降臨，或者世界末日終將到來（或者兩者皆有），會鼓勵支持者遠離社會，因為他們認定非信徒掌握政治權力的日子不會太久，而他們是上帝的信徒，所以等到時機成熟就會得到拯救。其他的基本教義派則是比較積極，想要得到政治權力，建立一個符合他們的信仰的治理制度。世俗觀念認為教會與國家之間應該有一道分界線，基本教義派對此不以為然，想要重新將宗教納入政治領域。這種基本教義派是菁英主義又獨裁主義，通常想要顛覆民主制度，以神權統治取而代之。

一言以蔽之：相信必然

26 伊斯蘭主義

> 在紐約和華盛頓於2001年9月11日遭到毀滅性自殺攻擊之後,「伊斯蘭恐懼症」橫掃美國與大半個西方世界。有鑑於到處瀰漫著恐慌與憤怒的氣氛,小布希總統宣示「反恐戰爭」開始,「直到天涯海角的每一個恐怖組織都被查獲、被阻止,被擊敗」,這場戰爭才會結束。

無論「反恐戰爭」原先的期待為何,大家很快就發現這是一種截然不同的戰爭,要對抗的敵人是躲在暗處的陰影,勝利的標準也不明確,因為美國領軍的「自願聯盟」參戰是要對抗一個概念,就是伊斯蘭基本教義主義,又稱伊斯蘭主義。

接下來的戰爭看在雙方陣營許多人的眼裡都是「兩個文明的衝突」,是一場跨越國界的意識型態與文化之爭。外界對於這場戰爭的觀感很快就變得兩極化又扭曲。伊斯蘭極端分子確實對西方國家造成十足的威脅,然而西方國家的反應也在無形中流露出麻木與無知。美國公然扮演自由與民主鬥士的角色,對抗冷血又狂熱的敵人,往往就從這種粗枝大葉的角度,把對伊斯蘭主義的恐懼與猜忌,不分青紅皂白地投射在全體回教徒與伊斯蘭教徒身上。在另一方面,對於回教世界的許多人來說,美國所主導的對九一一事件的反應是既輕率又虛偽,往後不管發生什麼事,都不能稍減他們對西方的帝國主義野心以及不甚單純的動機(尤其是關乎石油利益)的疑慮。在這場「反恐戰爭」中,戰場上的勝利並不重要,比較重要的是爭取「人心與思想」。很多批評者認為西方國家逐漸失去「人心與思想」,溫和的回教徒漸漸被推向基本教義派的懷抱。

大事紀

1979~1989	1980~1988	1990~1991
美國在蘇聯與阿富汗的戰爭中支持阿富汗聖戰士	美國在兩伊戰爭中支持海珊	在伊拉克入侵科威特之後,美國率領聯軍擊敗海珊

回歸伊斯蘭教的正道

九一一攻擊事件是基地組織（al-Qaeda）黨羽幾年來精心策畫的結果。基地組織是一群組織鬆散的恐怖分子團體，由沙烏地阿拉伯人賓拉登（Osama bin Laden）創立及領導，而賓拉登不久之後就會成為全球頭號通緝犯。這場攻擊唯一令人意外的是後果竟然如此慘重，因為先前已多次爆發較為輕微的攻擊事件，恐怖分子也數度揚言要發動暴力攻擊，所以早有徵兆。一群伊斯蘭極端組織組成的全球伊斯蘭陣線（World Islamic Front）在1998年2月發表宣言，呼籲伊斯蘭世界「發動打倒猶太人與十字軍的聖戰」。宣言也附帶一份教令（宗教命令）：「殺死美國人以及美國人的民間與軍事盟友，這是每一個能在有機會出手的國家執行教令的伊斯蘭教徒，必須肩負的責任。」

伊斯蘭激進分子的主要目標就如2008年基地組織在網路直播所言，是要「建立伊斯蘭教法（Shari'a）所描述的伊斯蘭國家，將世上所有的伊斯蘭教徒團結在真理與正義的國度。」按照這個觀點，伊斯蘭教國家現在會受到迫害，是因為偏離了伊斯蘭教的正道，必須嚴格奉行《可蘭經》（Qu'ran）的教義，以及（重新）實踐伊斯蘭教法才能匡正。所謂伊斯蘭教法，就是上帝揭示的伊斯蘭

伊斯蘭失真的面貌

九一一恐怖攻擊事件如此「一鳴驚人」，基地組織的真實面貌就算很模糊，大概也難免會成為世人眼中伊斯蘭主義的象徵，基地組織的極端思想也會被許多人誤認為是伊斯蘭教徒普遍的觀點。這當然不是好事。更糟的是塔利班（Taliban）政權駭人聽聞的事蹟，更加深了世人眼中伊斯蘭狂熱分子的形象。塔利班是伊斯蘭基本教義派政權，也包庇基地組織在阿富汗的基地，1996年取得阿富汗政權之後，就以高度壓制的手段實施神權統治。不管是恐怖主義的暴行、類似中世紀的社會壓制、自殺炸彈攻擊，還是透過電視播放的斬首行動，都會給予伊斯蘭基本教義主義最可怕的形象，也會讓世人誤以為這就是伊斯蘭的面貌。

2001.9.11
九一一恐怖攻擊導致美國將近三千人死亡

2001.10.7
美國率領聯軍在阿富汗攻打塔利班

2003.3.19
美國以及「自願聯盟」進攻伊拉克

以上帝之道奮鬥

　　Jihad的概念是西方人誤以為「伊斯蘭等於暴力」的主要原因。然而關於jihad的定義，就連伊斯蘭教徒都爭論不休。Jihad字面上的意思是「以上帝之道奮鬥」，伊斯蘭激進分子解讀為「聖戰」，認為聖戰是一種宗教責任，可以不擇手段完成，就算發動自殺攻擊、鎖定平民也在所不惜。伊斯蘭溫和派則認為「奮鬥」主要是指內部的心靈衝突。在九一一攻擊事件之後，「反恐戰爭」在伊拉克與阿富汗如火如荼地展開，雙方都認為這場戰爭的重點是爭取人心與思想，而對於jihad一字的不同解讀應該是爭取人心與思想的關鍵。一般的伊斯蘭教徒認為肆意殺害平民，連女人與兒童也不放過的行為違反伊斯蘭教的教義，也違反真正的jihad精神，所以伊斯蘭激進派應該是意識型態戰爭當中落敗的一方，也應該逐漸被邊緣化。可惜的是美國與盟國攻打伊斯蘭暴亂分子與極端分子的方式，往往很少顧及伊斯蘭教徒的情感，所以也無法將伊斯蘭溫和派的意見區隔出來。雙方對彼此都是一頭霧水又不甚了解，看來是鐵了心要輸掉真正重要的戰爭。

律法。伊斯蘭教是唯一真正的信仰，涵蓋整個世界，所以新的（或者說恢復的）阿拉伯帝國也會將天下所有人納入懷抱。

　　1998年的教令列舉了伊斯蘭教徒對西方國家的不滿，種種的不滿之所以釀成仇恨，或多或少是因為伊斯蘭教徒認為這些事情妨礙他們回歸伊斯蘭教的正道。伊斯蘭教徒最大的不滿就是美國和西方國家支持「猶太人的小國家」（教令對以色列的稱呼）。伊斯蘭教徒認為西方國家有意破壞中東國家的穩定（攻打伊拉克即為一例），是為了要維繫以色列的生存。還有一個不滿就是美國占領「阿拉伯半島，位在最神聖的聖地的伊斯蘭國度」。伊斯蘭教徒認為美國「掠奪阿拉伯的財富，挾制阿拉伯的領袖，欺侮阿拉伯的人民，恐嚇阿拉伯的鄰國。」伊斯蘭教徒最不能接受的是1990至1991年的波斯灣戰爭（Gulf War）都結束十幾年了，美國在「兩個聖地的國度」的軍事基地仍未撤除。「兩個聖地的國度」指的是沙烏地阿拉伯，兩個聖地分別是麥加（Mecca）與麥地那（Medina）。美國在沙烏地阿拉伯的軍事基地最後在2003年撤除，但是美軍仍然在中東活動，特別是在伊拉克，這看在基本教義派眼裡是一種對伊斯蘭的長期且嚴重的侮辱。

不想要的關注

伊斯蘭教徒會不滿西方國家沒有顧及他們的感受，是因為他們幾百年來與西方國家的衝突與爭執，尤其是因為西方國家在二十世紀大部分時間的殖民統治與干預。西方國家往往把伊斯蘭國家描繪成壓迫人民又「中世紀」，也就是落後又反對現代化，不過伊斯蘭國家最擔憂的還是他們眼中的經濟帝國主義與文化帝國主義。

西方國家認為「進步」就是朝著他們自己的自由與世俗價值邁進。但是很多伊斯蘭教徒認為西化是後殖民的傲慢象徵，是他們不願意接受的現象，也對他們的傳統價值與生活方式造成威脅。

> 「不要打擾我們，讓我們自己建立伊斯蘭教法所描述的伊斯蘭國家，將世上所有的伊斯蘭教徒團結在真理與正義的國度。美國人說一個不字，伊斯蘭教徒就該用一千個炸彈讓他閉嘴。」
>
> 基地組織網路直播，2008年

激進派與溫和派的伊斯蘭教徒都懷疑西方國家（尤其是美國）干預中東事務的動機。有人認為美國在中東最主要的目的是「掠奪中東的財富」（也就是保護美國自己的石油利益），這也很難反駁。美國喜歡用的手段是「挾制中東的領袖」（也就是支持友善卻不見得正直的政權或派系，藉此控制政局），這在歷史上也不乏實例。光是舉最惡名昭彰的例子，蘇聯在1980年代入侵阿富汗，當時美國支持阿富汗的聖戰士（mujahideen），而這也是後來塔利班政權、基地組織與賓拉登能夠崛起的原因之一。賓拉登當時是阿拉伯軍隊的一員，也參與了對抗蘇聯的戰爭。中東的另一個魔頭海珊（Saddam Hussein）在1980年代兩伊戰爭（Iran-Iraq War）期間也得到美國支持。當時伊拉克的鄰國伊朗是伊斯蘭國家，由激進派何梅尼（Ayatollah Khomeini）主政。美國支持海珊政權，是希望能跟伊朗抗衡。這一類的干預手段很少能達到美國的政策制定者希望看到的效果，也絲毫不能贏得一般伊斯蘭教徒的人心與思想。

一言以蔽之：
為建立新的阿拉伯帝國而奮鬥

03
Part

政治的機構

27　國家

> 國家是無孔不入的。我們在國家的懷抱中出生，也在國家的懷抱中死亡，國家的臂膀伸進我們生活的每一個層面。我們沉浸在國家中，就像金魚沉浸在碗裡一樣，絕大多數的時候我們幾乎到忘了國家存在的地步。但是如果國家消失了，我們馬上就會發現，再也沒有法律可以依循，再也沒有稅要繳，不用繳稅的結果就是開車沒有馬路可以走，老了沒有退休金可以過日子，也沒有人來收垃圾。

「用哲學的眼光看人類的事情，」蘇格蘭哲學家大衛‧休謨（David Hume）說，「最訝異的是少數人竟然可以輕鬆自在統治多數人。」這個謎題的解答很簡單，就是國家，但是國家涵蓋範圍很廣，絕非只有現任的政府而已，當然還包括政府機關，另外還有法院、公職體系、公共廣播公司，以及很多其他的機構。

因為國家無所不在，所以我們也許會覺得國家向來都存在，但事實並非如此。現代國家是一種特殊的政治組織，是相對來說比較近代的現象，在過去五百年之間才以現在的形式出現。所以國家到底是什麼？國家的作用何在？又有什麼權利管控我們的生活？

獨占的暴力權

近代對於國家的探討，多半是根據德國社會學家馬克思‧韋伯（Max Weber）在二十世紀的最初幾十年發表的頗具影響力的觀點。韋伯死後出版的著作《經濟與社會》（*Economy and Society*，1922年出版）提及國家的主要特色：

大事紀

1513	1576	1651	1690
馬基維利率先用「國家」一詞形容一個區域的主權政府	布丹將主權定義為國家對人民行使的最高權力	湯瑪斯‧霍布斯的著作《利維坦》（*Leviathan*）主張君主擁有絕對權力	約翰‧洛克主張國家的合法性源自人民的同意

國家擁有的行政秩序與法律秩序可以透過立法更動……這個秩序體系自稱擁有約束力，對國家成員，也就是人民有約束力，而人民多半是一出生就成為國家成員。國家除了對人民有約束力之外，也幾乎可以約束管轄範圍內所有的行動。所以國家是一種以領土為根據的強制性組織……

韋伯認為國家最顯著的特色，就是國家宣稱具有「唯一合法使用肢體暴力的權力」。他認為這個權力「對國家來說，就跟國家的強制管轄權與連續運作的特色同樣重要」。

> 「國家是一種人統治人的關係，一種透過合法（一般認為合法）的暴力手段維持的關係。」
>
> 馬克思·韋伯，1919年

國家握有這種權力，也等於獨占在領土範圍內制定規則與法律的權力，以及使用暴力（包含實際使用暴力與威脅要使用暴力）強制人民遵守這些法令的權力。韋伯認為國家的政治性質是以這種運作方式定義，而不是以國家的某種特定的功能或目的定義。

領土權與主權

韋伯的觀點當中有個重點，那就是領土是國家的一大特色。現在地球上幾乎每一吋陸地都屬於某個國家，不然就是由某個國家積極主張是自己的領土。地球上的每一吋陸地，更不用說與陸地毗鄰的沿海水域，陸地之上的上空，以及陸地之下的礦藏，都由各國納入版圖。各國的版圖劃分清楚，也互相排斥（不過倒是常有爭議）。世上之所以遍布國家，只是因為國家之間緊密毗鄰，中間沒有隔著空間。一個人會沒有國家，通常是因為政治因素而遭到排斥或驅逐，不會是因為地理位置的關係，更不會是出於自己的選擇。這也是韋伯口中現代國家的「強制」性質之一。你無法「退出」國家體系。你在哪一個國家出生，通常就是哪一個國家的公民，這個國家要求你效忠，要求你服從，要求你盡某些義務，通常還會禁止你取得另一個國家的公民身分。

1762	1922	1990	1991
盧梭主張國家的權力來自受統治者的集體意志	馬克思·韋伯的著作《經濟與社會》（在他去世兩年之後）出版	東德與西德合併成為一個德國	前共產國家南斯拉夫開始分裂成幾個獨立的國家

因此國家是一個個獨占的領土，通通都是分離的，不會重疊。國家管轄權的範圍是由疆界而定。國家在疆域範圍之內行使主權，也就是國家最高的權力與權威。所有的國家不論大小，都承認其他國家的主權權利，因此所有國家都是獨立、自治而且地位平等。這是了解國際關係的一個重要原則，在國際關係當中，一個國家的主權如果受到其他國家承認，就表示在這個國家，沒有高於國家的政治權威，因此國家必須仰賴自己的資源（「自助」）照顧自己的利益，維護秩序（見一百八十五頁）。

一個國家擁有內部主權，就代表國家對人民握有最高的權力，不必向更高的權威負責。在所有與公眾利益相關的事務上，國家是最終的仲裁者。國家對人民直接行使平等的管轄權，對於領土範圍內的外國人也差不多是如此。

合法性

光是強制是不夠的。國家光靠暴力無法長久生存，還要證明主權合法。國家必須讓大部分的人民認為應該接受國家的權威，接受由國家管理公共事務，至少要默許。國家應該讓大部分的人民在大多數時候相信國家的主權在某種意義上是合法的，所以服從國家的權威不僅有其必要，也是正確之舉。

新的世界秩序

不管是在實際上還是在理論上，國家的概念都很強大，所以一般人往往以為國家組成的全球體系一直都是現在的樣子，但是事實並非如此。一個國家要能成為國家，人口必須或多或少維持穩定，機構也要禁得起時間的考驗，這兩者都要克服治理與領導的挑戰。然而沒有人能保證人口會維持不變，機構能永續生存，近代南斯拉夫與東德西德的例子就證明了這一點。同樣的道理，國家的權力是中央化、集中化又有滲透力，看似永恆不墜，其實這也是錯覺。現代國家作為政治組織制度有一大特色，也就是人民應該效忠國家，而國家本身是超然的（與統治者和受統治者有所區別）。這個觀念在十七世紀才明確出現。在那之前，各種治理與控制的模式相當地複雜，領土與統治階級的定義不明確，又時有重疊的情形發生，對統治者的效忠往往是個人行為，是地方性的，而且又短暫。

人民之所以會接受國家的合法性，有一部分也是因為人民對於國家的本質與運作方式的觀感。國家受到尊敬的原因，正好也就是國家不會太受愛戴的原因，因為在人民眼中，國家是疏遠，不講人情又冷漠的（用尼采（Nietzsche）的話來說就是「所有冷漠的怪物當中最冷漠的一個」）。國家與統治者和受統治者都有所區別，與現任的執政者與人民都有所區別。在一般人眼中，國家是客觀法治的象徵，而不是專制人治的象徵。國家是抽象的法律原則的提供者，這些法律原則由中立的（可能也是乏味的）官僚

不怎麼統一的民族

國家與民族之間的關係很密切，有時候也很紛亂。很多人認為（至少有很多人主張）兩者應該合而為一，創造真正的民族國家（而不僅僅是名義上的民族國家）。所謂民族，就是因為相同的歷史、文化、語言與種族而團結在一起的一大群人。一個民族往往都想組織成政治自治又獨立的區域實體（也就是國家）。在此同時，現在有不少國家境內住著各種民族，有些民族之間的文化與種族差異很大，這些國家往往都希望能融合各民族，創造一個團結的「民族」（同時也創造民族主義），增進國家的團結與凝聚力。結果就是現在的民族國家的成分幾乎都不如自己宣稱的那麼純粹，也沒有「民族國家」這個名稱所顯示的那麼純粹。

制度，以及公正的司法體系負責執行。總而言之，正如韋伯所言，人民相信「制定出來的規則的合法性，也相信按照這些規則晉升並掌權的人具有發號施令的權利。」

民主國家通常主張人民主權（popular sovereignty）是國家合法性的根據。根據這個觀點，主權終究屬於人民（也就是國家的國民），是人民自願把一部分的權力轉讓給國家。轉讓的條件是國家必須透過有效率、負責任的行動，維護社會秩序，增進全民福祉。國家只要擁有人民的同意，就有存在的正當理由，而國家如果沒有盡到責任，人民也可以收回先前的同意。還有一種觀點主張國家建立的基礎是國家與人民之間心照不宣的「社會契約」（social contract）。啓蒙時期的政治理論家湯瑪斯·霍布斯（Thomas Hobbes）、約翰·洛克（John Locke）與盧梭（Jean-Jacques Rousseau）都各自分析過這個觀點（見十八頁）。

一言以蔽之：獨占的合法暴力權

28 憲法

> **「我們，美利堅合眾國的人民，爲了組織一個更完善的聯邦，樹立正義，保障國內的安寧，建立共同的國防，增進全民福利和確保我們自己及我們後代能安享自由帶來的幸福，乃爲美利堅合眾國制定和確立這一部憲法。」**

這一段擲地有聲的序言，開啓了世上最古老也是最成功的成文憲法，這就是美國憲法。這部不朽的憲法是由聯邦制憲會議（Federal Constitutional Convention）的代表於1787年9月17日簽署，十個月之後達到所需的九個州共同承認，並於1788年6月21日正式生效。

一個國家的政治本質可以精簡成一套基本的原則、規則與程序，這個構想並不是1787年才出現，也不是到了1787年才有人用「憲法」一詞形容這個精簡過程。將近一百年前，也就是1688年光榮革命（Glorious Revolution）隔年，遭到廢黜的英格蘭國王詹姆斯二世被控違反「王國的基本憲法」。在十八世紀中期，政治作家博林布魯克子爵（Viscount Bolingbroke）亨利·聖約翰（Henry St John）在1735年的著作《黨派論》（*A Dissertation upon Parties*），提到近似現代憲法的概念。他將這個概念定義爲「從某些固有的理性原則衍生而來的法律、制度與習俗的集合……形成一般的制度，社會同意依照此一制度受到統治。」對美國而言，眞正新鮮之處在於各種原則、習俗與制度匯聚而成的一種治理體系，用一份文書就能闡述、總結。

大事紀

1689	1787
英格蘭權利法案（Bill of Rights）建立了有限政府原則（principle of limited government）	在費城（Philadelphia）召開的制憲會議正式簽署美國憲法

美國憲法流傳至今已有兩百多年，如此源遠流長的歷史是前所未有的。沒有一部成文憲法像美國憲法一樣歷史悠久。歷史上第二偉大的制憲國家是法國，在1791年，也就是法國大革命（French Revolution）的初期，推出了該國第一份類似憲法的文書，後來又推出十幾份這樣的文書。的確，目前世界上具有效力的憲法當中，絕大多數是在過去五十年當中問世。少數國家並沒有成文憲法（著名的例子包括英國、以色列與沙烏地阿拉伯），不過這些都是特例。一般而言，一部成文憲法是現代國家合法性的象徵，或是一個國家宣稱具有合法性的根據，也是一個國家獲得國際承認的必備條件。

隱含意義

表面上看來，憲法是相對來說較為簡單明瞭的文書，目標非常明確又實際。幾乎每一部憲法（包括美國憲法）大部分內容都在敘述政治制度如何建立、如何運作，也就是決策的程序，國家各機構的權力分配，政府官員權力的限制，以及遴選或選舉國家官員的方法等等。

> 「人民創造憲法，也可以廢除憲法。憲法是人民意志的產物，也只能仰賴人民的意志生存。」
>
> 美國法學家約翰‧馬歇爾（John Marshall），1821年

然而憲法幾乎從來就不是表面看來那麼簡單，內容背後還有隱含的意義，因為憲法的作用是訂出統治者必須遵循的規則與程序，也就是限制統治者的權力，進而授權給受統治者。為了要限制掌權者，就必須讓掌權者行使權力的對象享有更大的自由。但是在政治承平時期，並不需要這樣的文書。只有在統治者被認定無能或是違反正義，覺得自己受到壓迫的人才會起草憲法。美國憲法與法國憲法是兩部最早問世的成文憲法，這兩個國家的人民覺得當時的政府違反正義又專制，才動了制憲的念頭。一般而言，起草憲法是改革或者革命的行為，而且幾乎都有限制的成分，也就是不僅要

1791

法國革命分子的第一部憲法建立了君主立憲政體（constitutional monarchy）

1958

法國正式通過第五共和憲法（Constitution of the Fifth Republic）

邁向更完美的聯邦

　　美國憲法是世界上最古老也是最具影響力的憲法。起初是包含一段簡短的序言以及七條條文，是在1787年起草，同年9月簽署，後來達到第七條所規定的門檻，獲得當時存在的十三個州的其中九個州承認，並於1788年6月21日正式生效。美國憲法簡短的序言闡述了這部憲法最大的目標，就是要「安享自由帶來的幸福」。這也反映了美國在僅僅五年前才結束的戰爭當中，起兵反抗英王喬治三世（George III）的初衷，是因為喬治三世也是「暴君……沒有資格統治自由的人民」。維護自由主要是藉由限制政府的權力，美國憲法的前三條就透過知名的「分權」達到這個目的，立法權屬於國會（第一條），行政權歸於總統（第二條），司法權則是屬於法院（第三條）。

　　美國憲法其餘部分包含二十七條修正案，每一條都要依照美國憲法第五條明訂的程序予以批准。在二十七條修正案當中，前面的十條合稱權利法案（Bill of Rights），於1791年12月15日正式通過。第一條修正案保障人民的各種自由，如宗教信仰自由、言論自由、集會自由與出版自由。第五條修正案規定證人的證詞如果有可能不利於己，就有權利保持緘默。至於其餘的修正案，特別值得注意的有第十三條修正案「廢除奴隸制度」（1865年）、第十四條修正案「給予平等法律保護」（1868年）、第十五條修正案「不得因種族而剝奪公民的選舉權」（1870年），以及第十九條修正案「給予女性選舉權」（1920年）。

尋求一部憲法，還要尋求立憲主義（constitutionalism），尋求權力受到憲法限制的政府，以法治取代君主或暴君的率性統治。

成文或不成文？

　　批評者不時主張，一部成文憲法就是解決像英國這樣的國家所面臨的疑難雜症之萬靈丹，言下之意是說這些國家就是因為沒有成文憲法，才會出現各種政治亂象。不過在實際上，英國體系並不像批評者所形容的那樣亂無章法，各種解決方法也各有難處。

　　成文憲法有個特色，就是這些一般人眼中的基本又不可或缺的原則都是「根深柢固」，地位比一般法律更高，必須透過特別繁複的程序才能更改。英國政治制度的基礎就是國會至上（parliamentary sovereignty）原則，也就是說國會除了不能限制繼任者的權力之外，任何事情都可以做。所以不可能製造出「根深柢固」的憲法，因為後

來的政府總是可以廢除先前的政府制定的應該算是憲法的法規。不過歷史已經證明，國會至上原則不見得會造成政治不穩定與獨裁政府的問題。

英國憲法的眞實面貌並不在於不成文，或其是否在一個地方寫成，是不是以一份文書寫成。英國憲法正如博林布魯克子爵所言，是從幾百年累積的「法律、制度與習俗的集合」在不知不覺中逐漸發展出來。可想而知這些規則很多都是常規與慣例，可以依照不斷變動的需求而予以更改，不需要經由法律。不過這樣的彈性並不會造成弱點。的確，以法國的經驗爲例，可以看出憲政事務太過死板會形成弱點。法國制憲的特色是規範，就是會詳述法律的內容，而不是只訂出制定法律的程序，所以一般來說，完全捨棄現有的憲法再重新開始，會比讓現有的憲法適應新政治情勢來得容易。

一個國家有了成文憲法，當然就會掀起不少探討某些政治行爲是否合乎憲法的爭議。一部憲法就算刻在石板上（或是白紙黑字寫下來），也不能防止有利害關係的人士把憲法往對自己有利的方向解讀。成文憲法通常需要經過主動的司法審查制度，以確認合憲。不時有人稱讚逐漸發展中的英國制度把最終決策權交給民選政治人物，而不是交給非民選的法律人。如果政府最主要的目的是維持政治穩定，那憲法的存在與否並不重要，不管成文與否都一樣。重要的是人民願意遵守法規，掌權者也願意遵守社會約定的限制，不管這些限制當初是如何設置的。 一部憲法如果與合乎人民心中理想的政治運作方式背道而馳，那不但改變不了人民的行爲，最終還會步上其他無數憲法的後塵，走向覆滅的結果。

一言以蔽之：一國的精髓

29 總統制

> 專制統治與民主政治最關鍵的差異就是負責。現代政治人物或許握有人民付託的大權，但是在民主國家，人民並不是無條件授權給政治人物。專制君主可以為所欲為，也毋須就自己造成的後果向任何人負責，民選的國家領袖則必須為自己的行為負責，最起碼必須就自己的行為是否適當，向選民負責。

可是政治領袖到底應該對誰負責呢？要想了解目前世界上主要的幾種政治制度，就必須找到這個問題的答案。在議會制政府（例如英國政府），行政體系是由總理以及他的（有時候是她的）內閣組成，總理與內閣閣員都是來自立法機關，也就是國會。政府仰賴國會支持，所作所為也必須向國會負責（見一百二十二頁）。相較之下，在總統制政府（最著名的例子就是美國政府），行政體系（總統）與立法體系（以美國而言是國會）各自獨立，藉由不同的選舉過程產生。總統是由人民直接或間接選舉，也是直接向人民負責。

約束權力

完全的總統制政府最重要的特色，就是總統並非由該國的立法機關選舉，也不對該國的立法機關負責。議會制政府的總理通常是立法機關的一員，由國會的多數黨從黨員中選出。相較之下，總統通常是由人民直接選舉。美國的總統和副總統是由人民選舉，只是中間隔了一層。選舉過程是採用選舉團制度（electoral college system），各州的選民投票給該州的幾位選舉人，選舉人必須投票給特定的總統候選人。選舉團

大事紀

1748
孟德斯鳩在著作《法律的精神》（The Spirit of the Laws）倡導權力分立

1788
麥迪遜在著作《聯邦黨人文集》（The Federalist Papers）倡導制衡

制度的本意是要保護小州的權益，是一種「贏者全拿」的制度，也就是在一州勝出的候選人可獲得該州所有的選票。選舉團制度也遭受批評，因為有時候總統候選人就算沒有贏得多數選民的選票，也還是可以當選總統。這種情況最近在2000年小布希（George W. Bush）總統當選時曾經出現。

　　行政機關與立法機關各自獨立是權力分立（separation of powers）的基礎。權力分立是一種憲政的安排，就是將不同的權力與責任給予政府的各體系（行政體系、立法體系、司法體系），防止權力集中在任何一個體系，進而避免政府濫用權力禍害人民。權力分立理論最早是由法國啟蒙時期的思想家孟德斯鳩（Montesquieu）創立，後來美國憲法的主要創始人詹姆士·麥迪遜（James Madison）在1788年簡單闡述了理論的精髓：「所有的權力，立法權、行政權、司法權，集中在同樣的人的手中，不管是一個人、幾個人，還是很多人，也不管是世襲、自我任命還是民選，都可以稱之為名符其實的暴政。」政府任何一個體系的活動，在原則上以及在實務上都會受到其他體系的監督與反對。之所以要安排政府體系各自獨立，就是要確保政府各體系能公平地互相監督與反對。這種「制衡」是政治制度的核心，統治者得以控制受統治者（麥迪遜的用語），同時也必須控制自己。

分裂的政府

　　權力分立可能會形成分裂的政府，這種情況常常發生。所謂分裂的政府，就是立

「如果是天使統治人，那政府既不需要外部控制，也不需要內部控制。但是要創造人統治人的政府，最大的難處在於必須先讓政府能夠控制受統治者，下一步還要迫使政府控制自己。」

詹姆士·麥迪遜，1788年

1885

威爾遜在著作《國會制政府》
（*Congressional Government*）
抨擊總統制

2000

小布希當選美國總統，贏得的
選民票數比對手少

法機關的政治主張與總統不同，也不支持總統的政治計畫。這有可能造成僵局，也就是一種政治僵持狀態，總統運用否決權阻擋立法程序，自己提出的法案則遭到國會抵制。在最糟的情況，這種政治癱瘓可能會演變成其中一方為了打破僵局，採取決絕又違憲的手段，甚至訴諸暴力（這種危機曾經出現，在幾個南美洲國家就發生過）。不過事情通常不會惡化到這種地步，批評者口中的僵局，在其他人眼中是一種良性的對抗，正反雙方的意見都能得到充分考慮，也可以避免過度激烈與倉促的行動。議會制政府一旦有所變動，往往就會出現激烈的政策轉向，從這個觀點來看，分裂的政府也許是這個問題的解決之道。

有些人認為總統由人民（或多或少）直接選舉是比較民主的做法。這樣的國家領袖握有較為有力的授權，去推動政治計畫，隨之而來的也是更大的責任，因為他不能隱身在政府機器之後。然而反對者卻誤解了這個觀點，例如在1885年，當時美國未來的總統威爾遜（Woodrow Wilson）提出警告：「分權唯一的後果就是不負責任的政府。」政府行動的責任如果沒有界定清楚（總統制就是如此），政府各體系就會互相推諉。正如威爾遜所言：「國家這個老師怎麼會知道哪個小男孩該打？……權力以及清楚界定的使用權力的責任，是有效的政府不可或缺的成分。」

固定任期

總理一向仰賴國會的支持，原則上也可以立即被免職。總統的任期通常都是固定的，除非犯下嚴重過失，否則在任期之內都不會被免職。支持和反對總統制的人都認為總統的任期固定有益於政治穩定。沿用某種形式的比例代表制（proportional representation）的議會制政府經常造就短命的聯合政府，相形之下更能突顯總統制穩定政治的優勢。

在某些議會制政府，選舉日期都是事先公布，而且執政黨也不能以政黨政治為由操弄選舉日期，一般認為這是一種對於行政權的制衡。然而固定任期也有缺點。一般而言，免除總統職務的憲政機制，也就是彈劾，是既繁雜又難發動，所以很難罷免一個無能或是不符合當今需求的總統。舉例來說，有人認為如果邱吉爾（Winston Churchill）沒有取代張伯倫（Neville Chamberlain）成為英國首相，第二次世界大戰

兩匹馬拉車比一匹馬好？

　　總統制與議會制有個明顯的差異，就是國家元首的地位。議會制政府的國家元首通常是虛位元首（英國的君主就是一例），真正的政治權力掌握在政府首長，也就是總理手中。相較之下，總統制政府的總統身兼國家元首與政府首長雙重角色。除了這兩種政府之外，還有第三種混合式政府，是由總統與總理並駕齊驅。總統是由人民選出，有固定任期，而總理則是由立法機關（國會）選出，對立法機關負責。這種所謂的「半總統制」最著名的例子就是法國。半總統制政府的總統與總理都積極參與執政，不過實際的權力分配差別很大，比方說國內政策可能是總理的主要責任，而總統主要負責的則是外交事務。

的發展一定會截然不同，但是如果英國實行總統制，那邱吉爾恐怕就很難取代張伯倫。不過遇到這個話題，常常也有人提出完全相反的主張，認為總統不需要維繫國會的信心，沒有這方面的約束，在緊急時刻就能更迅速、更果決地行動。

　　　　　一言以蔽之：是人而非天使的時候

30 國會

> 國會有時被貶抑成清談會，意思是說國會是空談的地方，而不是決策行動的場合。這種貶抑很有意思，因爲國會顧名思義就是清談會，而且本來就應該是清談會，或者換個比較不貶抑的說法，國會應該是討論政策事務的論壇。只有獨裁者才會不徵詢他人的意見，僅憑自己的想法統治國家。討論是開放政府的標誌。

如果民主國家的標準是只要有討論就算是國會，那所有現代民主國家的國會都可以稱爲國會。「國會」一詞的用途通常比較狹隘，是因爲某一個國家的政府的關係，也就是英格蘭政府以及（自1707年開始）英國政府，所謂的「國會之母」。英國曾經主宰大概是有史以來最廣大的帝國，所以英國的前殖民地多半沿用獨特的「西敏制」（'Westminster' style）議會制政府，也就不足爲奇。這些前殖民地現在多半屬於大英國協（Commonwealth of Nations）。英國長期位居世界強權，議會制又帶來力量與穩定，因此英國的政治機關的影響力得以延伸到帝國之外很遠的地方。歐洲與其他地區的國家也都或多或少仿效這種制度。

西敏制

議會制與美國和其他地方沿用的總統制最大的差異，在於議會制政府的行政體系與立法體系並非完全分離。總統（行政首長）是由人民選舉，選舉的過程跟選舉國會議員的過程不同，而且總統並非直接向國會負責（見一百一十八頁）。相較之下，首相的選舉方式與國會議員的選舉方式相同，通常是由贏得立法機關（國會）多數席位

大事紀

1688～1689	**1788**
光榮革命（Glorious Revolution）建立了國會至上（parliamentary sovereignty）原則	美國憲法建立了權力分立（separation of powers）原則

的政黨領袖擔任。首相的領袖身分是由自己的政黨所決定，並非直接由選民決定。首相從自己的國會議員同事當中（在兩院制國會中，也包含上議院的議員）選出一群人組成內閣。內閣就是一群大臣組成的委員會，負責制定政府政策，送交國會審議並投票表決。因此國會的核心功能就是審查、討論並通過法律。國會並不負責治理國家，而是提供治理國家所需的人員，再要求政府官員為自己的行為負責。

　　一般認為西敏制的一大優點就是穩定又有力。總統制可能會導致政府分裂，也就是行政體系（總統與內閣）提出的政策議程沒有獲得國會多數支持，如此可能造成僵局，也就是行政體系提出的法案實質上遭到封殺。這種政府分裂的情況屢見不鮮。相較之下，西敏制的首相和內閣都來自國會，所以不會發生類似的政府分裂，因為首相如果失去國會的信任（支持），通常就必須要求解散國會，接著就是舉行大選。內閣當中的慣例是「集體負責」，所有的內閣大臣都必須遵從政黨政策，就算個人並不認同某一項政策也要支持，所以一旦達成共識，所有內閣成員都必須支持。如果內閣成員覺得某項政策違背良知，無法支持，那就必須辭職。基於這些理由，政府如果能掌

國會之母

　　英國國會是英國的立法機關，在一般人眼中是兩院制體系，但是其實英國國會涵蓋三個部分，分別是君主和君主的顧問團（也就是樞密院（Privy Council））、上議院（靈職議員（Lords Spiritual）與俗職議員（Lords Temporal），由主教、樞機主教和貴族組成），以及下議院（又稱庶民院）。國王或女王現在就跟以前一樣，仍然是國家元首，不過現在純粹是形式上的君主。英國在二十世紀實施一連串改革，改變了不需經由選舉的上議院的組成方式。現在的上議院世襲貴族人數很少，絕大多數是終身貴族，由君主參考當時的政府的建議，定期從「賢達顯要」當中選出。這個時期的改革也大幅削減上議院的權力，現在的上議院只能延緩法案通過的時程。真正的權力集中在下議院，由每隔五年（也有可能不到五年）由人民直接選舉的議員組成。

1911,1949	1958	1999
英國的國會法（Parliament Acts）大幅削減上議院的權力	英國實施終身貴族法（life peerages），賜予「賢達顯要」終身爵位	根據上議院法（House of Lords Act），上議院降低世襲貴族的人數，剩下九十二位

「英格蘭是國會之母。」

英格蘭自由派政治人物

約翰‧布萊特（John Bright），1865年

握國會多數，提出的法案通常都能順利通過，不會遭遇太多困難。

西敏制顯然具有造就強勢政府的潛力，但是想要有強勢政府，就必須付出代價。總統制具有權力分立的特色，這是經過專門設計，避免政府的任何一個分權體系變得過於強大，但是首相握有強勢的行政控制，可能會採取壓迫手段，強行通過政府政策，不理會少數的聲音。有人批評這樣的國會只不過是政府政策的橡皮圖章，是真正掌權者其獨裁作風的遮羞布，只有表面的正當性。這種批評雖是言過其實，卻也能在平民百姓當中激起些許共鳴，這對民主政治而言何嘗不是件好事。

歐陸版本

雖然所有的國會制度或多或少都是源自英國模式，至少從架構上來說是如此，不過有些版本的特質與運作方式與英國模式明顯不同，比方說德國與歐陸其他地方的國會就是如此。在多數時候，英國模式運作起來大致很像兩黨制（雖然英國國會並非兩黨制），加上英國採用最高票者當選的選舉制度，所以幾乎都是由單一政黨取得多

從僕人到主人

英國國會的歷史至少可以追溯到十三世紀，然而在剛成立之後的四百年多半都扮演君主的僕人，視君主的需要偶爾開議。通常遇到戰爭時期，君主的財務特別吃緊，才會覺得有必要召集國內的重要人士共同商議，並且確保稅收順利。直到十七世紀，情況才真正改變，僕人終於成為主人。斯圖亞特王朝（Stuart）的幾位君主粗暴對待國會，最終導致君主與國會之間的衝突，演變成英格蘭內戰（English Civil War，1642至1649年）。國會在戰爭當中開始展現權威，要求更大的權力與權利。1660年王室復辟，查理二世即位，當時的國會在立法與徵稅事務方面已經握有大權。後來的詹姆斯二世沒能延續兄長對於國會的安撫政策，也是引爆1688至1689年光榮革命的原因之一。這場不流血的革命最後建立了國會至上原則，從此以後所有的君主都必須恪遵憲法，也要尊重國會的意志。在接下來的一百年，暫時的派系開始形成比較長久的政黨，現代政府的機器發展完備。從此君主的第一大臣（也就是首相）想有效治理國家，需要的不僅是國王或女王的信任，更需要下議院同僚的信任。

數席位,而且行政官員也是來自同一政黨。這就是造就內閣集體負責,以及對所屬政黨強烈忠誠這兩大傳統的主要原因。英國系統之所以能屹立不搖,多半也要歸功於這兩大傳統。

> 「國會其實無法控制行政首長,所謂的控制純屬虛構。」
>
> 大衛・勞合・喬治(David Lloyd George),1931年

採用議會制政府的歐洲國家多半都是多黨制,也沿用某種形式的比例代表制(proportional representation)選舉政治人物。在這種選舉制度,很少會由單一政黨贏得國會多數席位,所以通常是由幾個政黨共同組成聯合政府。這些政黨有一些共同的目標,但是並非所有目標都相同。這種聯合政府慣於協商與妥協,比較能容忍閣員的獨立性,比較不著重集體決策。聯合政府變動較為頻繁,也較常解散。整體而言,聯合政府的行政權比英國系統的行政權弱,擔負的責任卻比較重,因為聯合政府的領袖必須傾聽不同的意見,尊重國會的態度。聯合政府雖然比較不持久,權責卻更為分明,很多人會認為聯合政府更符合民主政治的需求。

一言以蔽之:
是討論的論壇,還是清談會?

31 政黨

> 「一種想要針對宗教、政府等許多議題發表不同意見的熱誠,一種對於推論與實踐的熱誠,一種對於雄心勃勃競逐權力與地位的領袖的傾慕,或者對於命運能夠激發人類的熱情的那些人的傾慕,這些情緒分化了人類,形成了黨派,引燃互相仇視的烈火,誘使各黨派之間互相傾軋,互相壓迫,而不是互助合作,為共同的利益而奮鬥。」

如同詹姆士・麥迪遜(James Madison)在1787年的著作《聯邦黨人文集》(*The Federalist*)所言,人民會出於許許多多各式各樣的理由組織黨派,如宗教理由、政治理由,還有領袖的個人魅力。組織黨派就可以一同追求單憑自己的力量很難或是不可能追求的目標。而且向來就是如此:「黨派潛在的成因……深植在人性之中。」麥迪遜不認同政黨,也不認同黨派,認為管理、調和那些誘使人民組黨,追求自身利益,犧牲他人利益的「各種互相衝突的利益」是政府的重責大任。

麥迪遜和其他幾位美國建國元勳當初念茲在茲,擔憂黨派與政黨帶來的危機,現在看來是多慮了,因為我們幾乎無法想像現代大型民主國家如果沒有政黨,政治要如何運作,光是這個理由就足以證明他們多慮。對多數人來說,投票支持代表特定價值與利益的政黨,是行使民主權利最具體的機會。對於在選舉勝出的政治人物而言,政黨制度提供了一個組織架構,他們可以在這個組織架構中,努力實現他們在競選時所提倡的價值與利益。

大事紀

1787	**1828**	**1830年代**
詹姆士・麥迪遜在《聯邦黨人文集》中針對黨派與政黨的危險提出警告	美國民主黨成立(在與國民共和黨(National Republicans)分裂之後)	源自老托利黨(Tory Party)的英國保守黨成立

一黨制

　　政黨的動態，也就是政黨的特性與作為，深受其所處的社會與政治環境影響。在最普遍的層面，一黨制國家的政黨不必面對競爭，而多黨制多元化的國家的政黨必須與其他政黨競爭，兩者截然不同。對於一黨專政，沒有對手的政黨而言（蘇聯和中國的共產黨皆屬此類），爭奪權力的途徑通常是革命，以暴力推翻現有政權。這樣的政黨一旦掌權，就會獨占權力，運用權力引導勞工階級走向純粹的共產主義（至少理論上是如此）。到了這個階段，所有的反對勢力都被壓倒，再也不需要高壓統治。政黨扮演帶領人民的角色，必須既務實又獨裁，必須高度集中化，同時又滲透到社會的每一階層，以便管理人民，維持秩序。

為了達到這個目的，政黨必須維持強烈的意識型態導向，利用教化與審查制度以維持正統，進而消滅異議。

> 「讓我……以最嚴正的態度提醒你，留心政黨精神的不良影響。」
>
> 喬治·華盛頓（George Washington），1796年

政黨標籤與政黨政策

　　在一黨制的國家，政黨要控制政府機器，並不需要與其他政黨競爭。可以說政黨**就是**政府機器。相較之下，在多黨制的國家，政黨必須在選舉中與敵對政黨競爭，爭奪治理國家的權利，這是政黨的重要責任之一，也是政黨必須一再面對的任務，因而占用了政黨不少心力。

　　代議民主（representative democracy）存在一個基本的難題，就是代議民主號稱「政府的方向反映人民的意志」，實際上卻很難找到實例證明。這個問題在像美國這樣多元化的大國尤其嚴重。這個問題的解決之道（粗略的解決之道）就是定期舉行選舉，讓敵對的政黨互相競爭。黨籍是一種標籤，將候選人與一套或多或少定義明確的價值連結在一起，選民看到候選人的標籤，多少能了解候選人代表的價值，也多少

1854

美國共和黨成立，起初是
為了支持反奴隸制度運動
而成立

1906

英國工黨成立

能預測候選人當選之後的行為。但是用黨籍判斷行為是否可靠,還是取決於整體政治文化。選民會認為綠黨的候選人會很重視環境議題,但是看到美國民主黨或是共和黨的候選人,就完全無法明確預測候選人未來表決時的投票行為。在這種情況,候選人的黨籍只能概括代表特定的政治傳統。美國國會議員在表決時習慣按照自己的良知投票,而不是遵循嚴格的政黨政策。黨紀處分(對政治人物施壓,要求政治人物投票支持正式的政黨政策)在英國制度很常見,也造就了強勢政府。黨紀也能幫助選民「判讀」政黨標籤,但是也導致自發性與自由思考很容易因而受到限制。

兩黨制與多黨制

在多元社會,政治實務會受到政黨制度影響。諸如美國、英國等國家實行所謂的兩黨制,說兩黨制其實會造成誤解。比方說英國其實有第三個政黨「自由民主黨」(Liberal Democrats),在英國政府扮演重要角色,例如在2010年與保守黨組成聯合政府。然而在過去一百年,英國還是由兩大黨工黨與保守黨創立主流模式,也就是在最高票者當選的選舉制度中競爭,通常最後的結果就是一方或者另外一方贏得國會多數席位。就算贏得國會多數的政黨得票數可能遠低於總票數的一半,也仍然算是勝選,接下來就會組閣。這種制度的結果就是強勢政府,有能力強行通過政策議案,但

傾聽良心的聲音

每一個民選民意代表都要面對一個重要的兩難抉擇,就是要衡量對政黨的忠誠、對選民的忠誠,還有對國家的忠誠孰輕孰重。這三者都很複雜,而且往往互相衝突。另外還要在這三者與良心的聲音之間取得平衡。愛爾蘭政治人物與政治作家埃德蒙‧伯克(Edmund Burke)在1774年對布里斯托(Bristol)的選民發表演說(他是當地選出的國會議員),也談到這個棘手的議題。他的主張的大意是說國會議員在做最後決定時,不應該為了地方利益或者政黨利益,犧牲國會議員自己的「中立意見、成熟判斷與開明良知」:

國會並不是一群代表各種敵對利益的人士的聚會,不是各方為了捍衛自己所代表、提倡的利益而互相爭鬥的場合。國會應該是一個國家為了審議而舉行的集會,考量的只有一個利益,那就是全民的利益,不應受到地方利益、地方偏見左右,而是為全體人民著想,以全體人民的福祉為依歸。你們的確是在選舉議員,不過你們一旦選出議員,這位議員就不再代表布里斯托,而是國會的議員。

是也可以說這樣的強勢是以犧牲民主公平的代價換取來的。

除了英國之外，大部分的民主國家都採用某種形式的比例代表制，也就是一個政黨贏得的席次是按照得

> 「在民主政治中，一個政黨總是必須耗費大部分的精力證明另一個政黨沒資格執政，兩個政黨通常都會得逞，而且都有道理。」
>
> 美國諷刺作家孟肯（H.L. Mencken），1956年

票率計算，因此小黨也有生存與茁壯的空間。這種情況通常會形成多黨制，很少會有一個政黨贏得多數席次，兩個或兩個以上的政黨必須合作，在政策上妥協，組成聯合政府，形成足以執政的多數。這種聯合政府幾乎毫無例外，總是比單一政黨組成的政府更容易生變，也比較不穩定。單一政黨可以用黨紀約束黨員，兩個或兩個以上的政黨組成的聯合政府就比較不容易維護紀律。這種聯合政府相對來說壽命較短，但是因為吸收了不同的政治傳統與政治觀點，所以比較活潑，也比較能革新。

政黨逐漸式微？

希奧多·羅斯福（Theodore Roosevelt）1912年競選期間曾說：「老政黨就像軀殼，沒有真正的靈魂。」將近一百年後的現在，很多人覺得情況似乎完全沒變。尤其是對年輕人而言，美國與歐洲的主要政黨感覺乏味又嚴重落伍。社會大眾譏笑民選政治人物的動機，而經常爆發的貪腐與虛偽醜聞又火上加油，導致政黨快速流失黨員，政黨激進分子的理想迅速幻滅，投票率也加速下滑。政黨面臨支持群眾流失，慌亂地想爭取中間選民，而為了討好所有人，只能提出大家都能接受，都不會反對的主張，因而流於沒有創見，想當然爾也不敢提出激進的解決方案。在此同時，通訊方式的革新開啟了無數政治表述的新管道，尤其是網路，打破了政黨長久以來獨占政治表述管道的局面。我們也許很難想像沒有政黨的現代民主國家，但是面對人民的冷漠，政黨必須與新世代選民重新連結，這是政黨終究必須面對、無可遁逃的挑戰。

一言以蔽之：組織起來爭奪權力

32 公職人員

公職人員是現代國家的引擎。從負責給現任內閣成員出謀畫策，監督政府政策執行的那些最高級的官員，到稅務機關職位最低的辦事員，負責公共行政的官員大軍是國家的代表，也是給國家機器輸送氧氣的命脈。

在世界上的每一個國家，公職體系都是規模最大，最發達的官僚體系。外界對於官僚組織總有批評，公職體系也承受同樣的批評。一般對於公職人員的嘲諷是嚴厲又負面，把公職人員形容成一個暮氣沉沉，自私自利，只知道照章辦事的人，用層層疊疊的官樣文章掩飾自己的無能，而這些官樣文章又是靠揮霍、虛擲納稅人的錢堆疊出來的。一般人對公職人員的刻板印象是源自公職人員的某些特色，然而矛盾之處在於公職人員之所以能成為現代國家不可或缺的一分子，也就是因為這些特色。公職人員的短處也正是長處，這很有意思。其實我們不能沒有這些經常遭人詆毀的公僕。如果沒有他們，那我們的生活將會天翻地覆、沒有一處能流暢運作不出亂子。

國家的忠僕

現代公職人員的起源與他們所服務的國家的起源密不可分（見一百一十頁），不過「公職」這個名詞第一次出現是在十八世紀末，指的是英屬東印度公司（British East India Company）「契約員工」進行的民間活動（也就是非軍事活動）。後來「公職」就變成政府以公費聘請的員工所提供的所有服務，主要的例外有軍隊、警察和司法人員。原則上來說，那些在國外工作，代表自己國家利益的人，沒有理由不算

大事紀

約1785

根據記載，「公職」一詞在此時首次出現，指的是英屬東印度公司的契約員工

是公職人員，不過在實務上，通常會把國內公職人員與國外的外交人員區分開來。

高級公職人員多半擔任民選或是官派部長的常任無黨派（理論上應該是無黨派）顧問，運用他們在公共事務的經驗與技術知識，協助專業與任期都有限的民選政治人物設計並執行有效的國家政策。在這個方面，英國政府在1994年簽署了一份文件，定義公職人員應該體現的價值。這份文件的目的在於創造：

一個非政治的常任公職體系，重視操守、公平與客觀，無論政府的黨派為何，都能忠誠為政府服務，並且按照公平與公開競爭的原則，擇優任用員工。現代公職體系的研究多半主張操守、公平與客觀是公職體系的必備條件。

公職體系作為官僚體系

現代公職體系不管是在結構上還是在組織上，都算是官僚體系，也就是一種階級制度，指揮系統很明確，責任歸屬很清楚，也按照明確且理論上客觀的規則與程序做出決策。公職人員所擁有的權力受到法律限制，而且公職人員並非以個人身分行使權力，而是依據職位行使權力。就公職人員工作的性質來看，他們不見得經常受到愛戴，但是只要公職人員行使權力的對象（也就是人民）認為公職人員行使的權力是公正合理的，並在建立民主國家體系的合法地位與全民整體的利益上發揮其顯著的作用，扮演著重要的角色，他們將會受到尊重與歡迎。

根據德國社會學家馬克思·韋伯（Max Weber）所提出的頗具影響力的分析（見方塊文字），公職體系作為官僚組織的一個模型，可以說是最適合用來管理現代國家

「公職人員跟內閣部長提出的交易是這樣的：你照著我們的話做，我們就幫你在社會大眾面前假裝你在實現當初的競選承諾。」

英格蘭社會主義政治人物東尼·班恩（Tony Benn）

1922
馬克思·韋伯在著作《經濟與社會》（Economy and Society）（在他去世後出版）提出官僚制度的定義

1979～1980
柴契爾（1979年）與雷根（1980年）當選，象徵新右派崛起

2007
全球「信用緊縮」引發世人質疑市場在公共行政中的角色

公正

常有人將現代公職體系奉為官僚制度的典範。當今對於官僚制度的觀點，多半深受德國社會學家馬克思‧韋伯的著作影響。韋伯在二十世紀初提出官僚制度的「理想形式」，也就是一個理論模型，涵蓋現實世界各官僚制度的特色，這些特色以合理又連貫的方式共同運作，以達成某些理想目標。

韋伯眼中的理想官僚制度的架構是一種階級制度，責任劃分得很清楚，也有明確的指揮系統負責協調，並且根據固定的規則與程序做決策，因此類似的案件就會以類似的方法處理，而且是秉持完全理性與客觀的原則處理，絕對不會有個人或者專制的考量（如考量社會地位、關係等等）。如果用這種角度來衡量現代公職體系，那公職體系的行政機構是合法設置、合理組織，本質與前現代階段的公共行政大不相同。當時的公共事務通常是以專制且自私的方式處理，因為教會的影響力以及魅力人物的權力，就足以決定哪些人得以加官進祿或是得到其他的好處。韋伯式的官僚制度（Weberian Bureaucracy）就是合法、合理運作的公職體系，所以權力的正當性能得到人民認可。

複雜的公共事務的機制，因為公職體系是最有效率的機制。韋伯認為這樣的官僚體系「與其他形式的組織相比，具有純粹技術性的優勢」。然而這樣的觀點感覺似是而非，因為在一般人眼中的公共官僚體系是非常**沒有效率**的，服務也毫無品質可言，根本是白花納稅人的錢。官僚制度典型的專業化能界定角色，精進技能，以符合特定任務的需求，但是這麼明確的分工會導致公職人員眼光狹隘，不願意做自己專業領域之外的工作。階級制度或許能提供一個清楚的指揮架構，卻也容易造成過度謹慎，欠缺主動與創意。嚴格的法令規章能帶來延續性，減少專斷，但是一味死守法令很容易造成只重視過程不重視結果，還會讓不良的作業流程形成制度。

新右派崛起

在二十世紀的最後二十五年，對於負責執行政府政策的公職人員能力的質疑，已經形成一種主流政治意識型態。在二次世界大戰之後幾十年的經濟繁榮時期，許多干涉主義政權崛起，開始實施各種福利與社會進步政策。從1970年代開始，經濟繁榮戛然而止，這些所費不貲的「大國家」政策受到美國的雷根（Ronald Regan）與英國的柴契爾（Margaret Thatcher）為首的新右派新自由主義者的批評。公職人員大軍之所以存在，也是因為要監督這些大國家政策的執行，他們是大國家忠誠的步兵，就難

免困在這場衝突之中。公職人員並非經由選舉產生，也獨立於政治程序之外，這曾經是獨立與公正的象徵，現在卻成為不負責任的明證。

> 「官僚制度就是沒有人在統治，已經成為現代的專制政治。」
>
> 美國小說家瑪麗．麥卡錫（Mary McCarthy），1961年

與民選政治人物的短暫任期相比，職業公職人員任職時間較為長久，這一點曾經是連續與穩定的象徵，也受到人民肯定，現在卻比較常被斥為拒絕妥協與缺乏彈性的罪魁禍首。社會大眾公開質疑公職人員服務的品質是否對得起納稅人的花費。公職體系的傳統功能也要面對市場壓力。選民是公職人員的終極主人，而社會大眾對於公職人員能否對選民負責的顧慮，導致一些號稱民主的措施突然湧現，如公民憲章（citizen's charters）、獨立申訴專員（independent ombudsmen），以及國營機構的績效目標。

從那時候開始，諸如民營化、縮編、市場測試、政府與私營合作關係（public-private partnerships）之類的新自由主義大清洗運動的行話，已經遠不如以往盛行。全球經濟在二十一世紀之初的震盪，暴露出未受限制的市場力量所能造成的危險。一般人的信心大為動搖，嚴重質疑私營部門經營公共服務的能力。儘管如此，社會大眾原本對於國家指派的官僚、君主與官吏頗具信心，多半不會有所質疑，現在這種信心已經一去不復返。公共行政要做到適當合宜，必須研究責任劃分的問題，還要處理複雜的品質、效率與成本計算問題，這些根深柢固的問題至今仍然未能獲得解決，因而在政策制定的許多領域都造成嚴重的後果。

一言以蔽之：國家的官僚制度

33 媒體

> **1992年4月11日，也就是英國保守黨在一片不看好的聲浪中，連續第四度勝選的兩天之後，英國最暢銷的日報「太陽報」（*The Sun*）在頭版全版刊登該報最著名（很快就會成為最惡名昭彰）的標題：贏家是太陽報。**

太陽報敢如此誇口，不僅是因為該報一向都支持保守黨，也是因為該報在選前幾週不斷地攻擊勞工黨黨魁尼爾・金諾克（Neil Kinnock）。不管太陽報的誇口到底有幾分憑據，落敗的勞工黨倒是很當一回事。在接下來的五年當中，金諾克的接班人東尼・布萊爾（Tony Blair）忙著改造勞工黨，也忙著說服報社，尤其是太陽報以及太陽報的老闆魯柏・梅鐸（Rupert Murdoch），說「新勞工黨」是個值得支持的對象。布萊爾的遊說最終奏效，太陽報在1997年選舉前夕拋棄了多年來支持的保守黨，轉而呼籲讀者支持勞工黨，結果勞工黨贏得創黨以來最好的選舉結果（也就是贏得最多席次）。

報紙與其他媒體對於投票行為的影響力有多大，或者有沒有大到足以影響大選結果，各界一直都有不同的看法。儘管各界對這個問題的看法不一，媒體對於政治實務以及政治人物的行為其巨大的影響卻是無庸置疑的。從古到今，只有最獨裁的暴君才能完全不理會人民的感受，所以統治者與被統治者之間的溝通管道向來很重要。後來大眾媒體問世，先是報紙，然後是廣播與電視，現在是網路與各種行動科技，這些大眾媒體改變了政治實務，從此政治人物可以接觸到先前幾代作夢也想不到的廣大群眾。現在民選的政治人物一舉一動幾乎都要顧慮到媒體形象。對總統或是總理來說，

大事紀

1605
第一份固定發行的週報在比利時安特衛普（Antwerp）問世

1650
第一份日報在德國萊比錫（Leipzig）發行

每次公開露面都是媒體事件，都要由新聞官團隊精心安排。每場會議、每場約會都可能是曝光的機會。每次發言都可能由全天候、全年無休的新聞頻道不斷地播放。

濾網與閘門

要判斷類似「太陽報」自吹自擂的言論到底有幾分正確，並不是件容易的事，因為必須釐清一般人到底是受到報紙（或其他媒體）的影響而投票，還是會選擇與自己政治立場相同的報紙？媒體是領導輿論，還是跟隨輿論？雖然少數選民一定會受到支持特定黨派的報紙影響，然而一般還是認為整體的影響很少能夠改變選舉結果。不過媒體對於政治程序還是會造成其他影響，這點也是無庸置疑的。媒體是政治人物與社會大眾之間資訊流通的管道，只是這個管道很少是中立的，甚至可以說從來都不是中立的。媒體也像濾網，決定哪些資訊可以曝光，又像閘門，控制著資訊的流動。政治人物與媒體經營者都很清楚廣播媒體與平面媒體的力量與潛力，因此不斷地競逐角力，只為了要爭取或保住控制權，以便控制新聞報導的發布與處理。

設定議題

媒體具有過濾的效果，結果就是某些議題得以登上媒體，得到媒體格外地關注，其他議題獲得的報導較少，甚至完全沒有。這種現象

越南與CNN

很多人認為電視報導對越戰的批評越來越猛烈，是造成美國人不支持美國介入越戰的原因，也是美軍在1970年代初期提早從越南撤離的原因。這個現象造就了一個新名詞「越南症候群」（Vietnam Syndrome），通常是指媒體對於其他戰爭可能產生的負面影響。到了1990年代，戰區的照片透過衛星即時傳送，掀起了「CNN效應」。CNN效應的問題在於現場報導的內容有許多人類受苦受難的畫面，既充滿情緒又讓人覺得痛苦，逼得政治人物不得不在軍事的安排上火速地做出判斷。另外還有幾個據說是記者迫使政治人物在政策上採取行動的例子，比方說1990年代由美國領導的幾起干預行動，分別在索馬利亞（重拾希望行動，Operation Restore Hope）以及前南斯拉夫。

叫做「議題設定」（agenda-setting），造成的結果就是社會大眾特別重視某些議題，比較不重視其他議題。媒體組織多半是商業導向，所以媒體要刊登、要傳播的是他們認為他們的閱聽人會感興趣的報導，因此會比較重視個性，比較不重視政策，也會比較著重具有「人情味」的報導。舉例來說，媒體會過度地報導犯罪相關的議題，這類報導的敘事通常很簡單，壞人與受害者很容易辨認，至於像外交事務之類比較「困難」的議題，一般人感覺很深奧無趣，媒體的報導也就相對地減少。戰爭的報導則是個例外，戰爭向來充滿戲劇性，殘酷的場景往往又很「上相」，顯然媒體的確偏好具有「人情味」的題材。雖然戰爭是在國外發生，媒體報導的方式通常比較像是在處理國內新聞，特別著重「人情味」，也就是戰爭波及的軍人、難民與其他平民的慘況，而不是報導宏觀的戰略議題。

　　媒體設定議題會造成一個後果，那就是社會大眾被「設定」，在評斷政治人物時，多半是根據政治人物在某些媒體選擇的議題上的表現。舉例來說，在競選期間，人民可能會根據政治人物對於犯罪議題所提出的觀點，決定是否支持，就算犯罪議題並非政治人物的專長領域，也跟政治人物未來在政府可能擔任的職位無關，人民還是會根據政治人物對於犯罪的觀點做出選擇。政治人物無法設定議題，往往只能隨著媒體的音樂起舞，去關注一些客觀上來說並不需要那麼關注的議題。這種現象往往對於政策的決策會產生重大影響，也會扭曲政治程序。比方說兒童遭到危險的犬類攻擊，

自由媒體的責任

　　在自由民主國家，媒體有權利，也有責任監督政府，並且在必要時譴責政府。這是自由民主國家的媒體長久以來根深柢固的權利與責任。但是這並不能阻止許多國家的政府箝制媒體，而且總是以國家利益的名義箝制媒體。一個經典的案例發生在1971年，美國尼克森政府想要阻擋《五角大廈文件》（The Pentagon Papers）出版。文件的內容是美國介入越戰的最高機密，已經洩漏給媒體。後來美國最高法院判決政府敗訴，判決書上寫道：「自由媒體的首要責任，就是防範政府機關欺騙人民，將人民送往遙遠的地方，讓人民死於外國的熱病以及槍林彈雨」。很多新聞編輯從2001年9月開始報導小布希政府的「反恐戰爭」，報導內容不僅偏袒一方，對政府也毫無批判，顯然是忘記了最高法院莊嚴的諭示。

這種不幸事件其實相對來說很少發生，媒體卻大肆報導，結果牽動最高層級的政府官員出面處理，國會也不得不匆促通過並不完備的法案。

定義議題

媒體除了會設定公共議題之外，還有另外一個同樣重要的角色，那就是媒體通常會給予議題特定的「定義」。《紐約時報》在2005年將「定義議題」定義爲「選擇語言將辯論予以定義……把個別議題放進寬廣的情節脈絡之中」。將議題予以定義，會嚴重影響社會大衆對於議題的觀感，所以難怪記者與新聞官都會積極爭取將政治敏感的新聞報導予以定義的權利。

> 「媒體應該爲人民服務，而不是爲政府服務。廢除政府審查媒體的權力，媒體就永遠擁有譴責政府的自由。」
>
> 最高法院法官休戈·布萊克（Hugo Black），1971年

一個媒體屈服於政治壓力的知名案例發生在九一一恐怖攻擊事件之後。當時美國主流媒體多半刻意不去分析，不去批評美國政府出兵阿富汗與伊拉克的行爲。媒體急著聚集在反恐大旗之後，對於小布希政府的侵略性與單邊主義的立場幾乎是照單全收。美國政府對於整個情形的定義，媒體也多半接受。小布希總統將整個危機定義爲「反恐戰爭」，當成出兵的正當理由，也當成傾全國之力投入戰爭，還有虐待「敵軍戰鬥人員」的藉口，只是很少有媒體公開提出質疑。政府從一開始就希望讓民衆認爲重點是出兵的性質與時機，而不是出兵本身是否具有法律上或是道德上的正當性。討論很快就變成一邊倒，而且常常以「文明之間的戰爭」之類的語言表達，回教徒被形容成外國的「異族」，一心一意要摧毀自由西方的自由。很難說如果媒體得以克盡監督之責，同樣的情況還會不會發生。而矛盾的是這次媒體失能的表現，卻也正好充分地展現了媒體驚人的力量。

一言以蔽之：譴責的自由

34 宣傳

> 選戰經理人希望能操縱輿論方向，讓他們支持的候選人得利。民選政治人物擁有一群新聞官，負責「管理」新聞，將新聞事件予以美化。在戰爭時期，政府要灌輸人民愛國思想，激勵人民為共同的目標奮鬥，如此才能做出犧牲，戰勝敵人。軍隊將領要打擊敵軍士氣，誇大己方軍力，藉此恫嚇敵軍。商人宣傳自己公司的形象，讓顧客相信自己的產品比競爭對手的產品好。

　　這些舉動的共同點就是說服，目的都是要改變或強化特定的團體或觀眾的想法、態度與行為。而要達到這個目的，就必須有條理、有計畫地管理各種資訊。這個說服的過程，以及說服所需的資訊，就叫做宣傳。我們想到宣傳，通常會想到宣傳政治志業或是意識型態，不過在原則上，宣傳涵蓋的範圍其實廣泛得多，任何意在影響輿論的活動都算是宣傳，遊說與商業廣告自然也包括在其中。

　　一般人想到宣傳，通常會聯想到負面的弦外之音，這不僅是因為宣傳近年來給人的印象，還有宣傳向來既定的負面形象，也是因為常見的宣傳手法都給予人負面的感覺。宣傳者通常都是藉由選擇性地使用資訊，呈現出片面的訊息或觀點，不見得不正確，卻經常會有誤導以及欺騙別人的現象產生。宣傳較常訴諸情緒與偏見，較少訴諸理性。宣傳比教育更接近教化，因為宣傳的目的是要不斷地灌輸觀念，而不是要解釋觀念。宣傳者的目的本來就是要操縱別人，因此通常會用盡心思來隱藏自己的終極目標，而藉由行動朝著自己的目標前進，因此不太在乎自己鎖定對象的利益。

大事紀

1622	1914～1918	1930年代
以宣揚羅馬天主教為目的的傳播信仰會成立	第一批「資訊」機關在第一次世界大戰期間興起	蘇聯將托洛茨基之類的「沒落人物」從歷史紀錄刪除

從金字塔到太空火箭

　　廣義來說，打從人類社會開始共同生活，互相爭鬥，就有了宣傳這回事，只是在以前未必叫做宣傳。軍隊將領向來都想鼓舞自己軍隊的士氣，打擊敵軍的士氣。統治者向來都想讓人民相信自己的統治是必然的，也是正當的。如果說政治是說服的藝術，那麼宣傳就是政治的固定貨幣。舉凡興建宮殿與金字塔，命名城市，鑄造錢幣，發表演說，創作詩篇，這些事情還有其他無數的事情都是由少數人所做，想要讓多數人印象深刻，進而激發多數人的尊敬與敬畏之心。在二十世紀，軍隊遊行的隊伍穿越紅場，還有人類發射火箭到月球，都是同樣的道理。

> 「宣傳不會騙人，只是會幫人自己騙自己。」
>
> 艾瑞克・霍弗，1955年

　　相傳「宣傳」的英文字propaganda是源自傳播信仰會（Congregatio de Propaganda Fide），是教宗額我略十五世（Pope Gregory XV）為了宣揚羅馬天主教，在1622年成立的傳教組織。在二十世紀之前，宣傳多半是用於宗教，一方面推廣信仰，另一方面也強化教徒的信仰。傳教工作之類的宣傳活動主張自己的信仰才是正確，任何與自己的信仰背道而馳的信仰都是錯誤的，當然一直會有人不欣賞這樣的宣傳。不過「宣傳」這個字眼之所以會有強烈的負面含義，主要還是因為二十世紀的幾場大戰。

二十世紀的宣傳

　　拜大眾傳播科技迅速發展之賜，宣傳在第一次世界大戰期間興起，各國政府第一次有了明確的機會，可以藉由攻擊敵人，按部就班地宣傳自己國家的理想。大戰的每一方都積極著手宣傳，大肆運用煽動的言詞、偏見、仇外、半真半假的說法，以及謊言混合而成的毒藥來進行詆毀敵國的工作。最有效的宣傳就是透過報紙與海報，散播敵人慘絕人寰的暴行。的確，當時有不少「骯髒野蠻人」的卑鄙行為的傳言，誇大其

1933~1945	1957	2003
戈培爾的宣傳機器控制了德國文化的所有層面	史普尼克一號（Sputnik 1）升空，開啟史上最大的宣傳戰「太空競賽」	伊拉克戰爭開啟了東西方之間爭取「人心與思想」的戰爭

詞也好，憑空捏造也罷，這些傳言都加快了美國參戰的腳步。許多宣傳所使用的謊言都在戰後一一地遭到揭發，當初散布謊言的各家「資訊」機關也因而蒙羞，「宣傳」這個行為自此也隨之蒙上了負面的陰影。

在共產主義、法西斯主義之類的極權政權手中，宣傳技術淪落到了谷底。這些政權展開按部就班又縝密周詳的計畫，將輿論扭曲到符合執政黨的政策與意識型態。希特勒的宣傳部部長約瑟夫・戈培爾（Joseph Goebbels）曾經誇口說第三帝國（Third Reich）是他用宣傳打造出來的，而這話幾乎可以說是千真萬確。他創造了一台無孔不入的宣傳機器，透過每一個想像得到的媒介，包括報紙、廣播、電影、大型集會甚至奧運，進行散布仇恨的訊息。奧運會是德國精心策畫的宣傳工具，向全世界展示亞利安人（Aryan）的力量與優越。戈培爾透過這些手段，安排了一場宣傳活動，灌輸德國人虛妄的種族理論，讓德國人相信自己國家的宿命是要征服其他民族。

領袖崇拜

集權政權其宣傳的一大特色就是領袖崇拜，領袖崇拜的目的就是要把希特勒、

並不是非黑即白

宣傳有時候分為黑色宣傳與白色宣傳兩種。白色宣傳就是為了推動某個目標而散布正確資訊，資訊是來自確切、公開的來源。舉例來說，政府為了提倡衛生與安全而傳播資訊，通常很少會有人質疑資訊是否正確，政府真實的動機，還有資訊的來源是否可靠。相較之下，黑色宣傳則是運用完全謬誤或是來源不明的資料。這種資料通常具有挑釁與破壞的效果，意在讓對手難堪或是名譽掃地。比方說在戰爭期間，看似來自可靠來源的宣傳資料誣指敵軍犯下暴行，結果造成敵軍失去國際支持，敵國士氣滑落等後果。另外還有一種主要的分類法，將宣傳分為鼓動性宣傳（agitation propaganda）與同化性宣傳（integration propaganda）兩種。鼓動性宣傳是要改變宣傳對象的態度，同化性宣傳則是要強化宣傳對象既有的態度。不過到了最後決定的時候，唯一真正的重點是區分有效的宣傳和無效的宣傳。正如美國哲學家艾瑞克・霍弗（Eric Hoffer）在1951年所言：「一個有天賦的宣傳者，能夠讓原本就在宣傳對象心中翻騰的想法與激情沸騰。」最有效的宣傳是以既有的觀念與偏見為根據，勸誘宣傳對象朝著他們本來就想要前往的方向走去。對於那些自己違反道德，卻要把自己的行為歸咎於他人的不良影響的人來說，這個道理可以提供一些安慰。

墨索里尼、史達林、毛澤東這些偉人跟凡夫俗子區分開來。希特勒神話說的是一個超然的行動派，命中注定要領導祖國去擁抱祖國的命運。當時的德國政府精選幾個希特勒的肖像，透過郵票、明信片、香煙牌以及各種報刊插圖，鋪天蓋地放送，極力宣傳希特勒神話。一般人總認為「相機從不說謊」，蘇聯充分利用這個理論來達成其目的最惡名昭彰的例子，就是把托洛茨基（Trotsky）這樣「沒落的人物」從他跟其他共產黨領袖的合照中不落痕跡地抹去。

> 「所有的宣傳都是謊言，就算是實話也是謊言。」
>
> 喬治‧歐威爾（George Orwell），1942年

　　比較不獨裁的政權也積極塑造很多形式的領袖崇拜。小羅斯福總統（F. D. Roosevelt）與後來的歷任美國總統都明白必須在美國人民（還有美國之外的人民）面前，呈現正確的形象。在電視時代以及現在的網路時代，民主國家位高權重的政治人物多半都有專家組成的團隊，負責形象管理的各層面。小羅斯福的新聞祕書嚴格管理白宮的「拍照機會」，還會特別留意不讓別人拍到總統殘障的身體。近來的一個扭轉形象的例子發生在2003年5月，後來一直備受批評，當時小布希總統搭乘飛機降臨亞伯拉罕‧林肯號航空母艦（USS Abraham Lincoln），在伊拉克戰爭仍未結束的時候，就發表了勝利演說。小布希總統先前才被指控逃避兵役，這次選擇乘坐飛機，而不是直升機，出現在航空母艦的飛行甲板上，身上穿的不是平民的服裝，而是軍人的飛行裝，目的是要向全世界宣告，他是一群戰士的一分子。

一言以蔽之：扭曲事實

04 Part

政治的構成

35 貧窮

貧窮之所以存在，是因為重要資源分配不均。所謂重要資源，就是能讓生活美好的資源，有時候則是能讓人活下去的資源。重要資源能不能、應不應該公平分配，或者能不能、應不應該分配得比現在更公平，是社會正義的重要課題。如果說政治的責任是創造公平的社會秩序，那貧窮就是（而且向來都是）政治理論與政治實務的核心議題。

　　一般人想到貧窮，通常會想到一個人無法滿足自己的基本需求，因此無法在社會上正常生活。可是什麼叫做基本需求呢？怎樣的生活才算正常生活呢？在許多開發中國家，有很多人只能維持（或是幾乎可以維持）最低的生活水準，有足夠的食物可以維生，至於住所、醫療與教育則是不足或是完全沒有。另一方面，在已開發國家，只有極少數的人缺乏基本的生活所需，不過總會有一些人沒有達到社會能接受的生活水準，所以落在假想的「貧窮線」之下。關於貧窮線的定義，各界說法不一，也時有爭議。廣義來說，貧窮線的定義就是一個家庭擁有的資源不足，無法參與社會當中其他家庭經常享有的社會活動與休閒活動。而所謂的資源通常是以所得衡量。舉例來說，如果一個社會認為電視或電話是一個正常家庭必備的東西，那麼買不起電視或電話的家庭就會被視為貧窮。

相對貧窮與絕對貧窮

　　不同的環境對貧窮的定義也截然不同。在已開發的工業化國家，所謂的貧窮通常是相對貧窮，也就是說窮人並不是缺乏維持生命與健康所需的基本需求，而是無法達

大事紀

1944
國際貨幣基金（International Monetary Fund）與世界銀行（World Bank）成立

1965
美國總統詹森（Lyndon B. Johnson）公開「向貧窮宣戰」

千禧年發展目標

在2000年舉行的聯合國千禧年高峰會議中，各國領袖發表千禧年宣言，以「讓所有男人、女人和兒童脫離悲慘且不人道的極端貧窮環境」為目的。下列的八項千禧年發展目標詳細闡述了千禧年宣言的目的，只是沒有一項能在原定的2015年完成。

一、 滅極端貧窮和飢餓
二、 普及小學教育
三、 促進兩性平等並賦予婦女權力
四、 降低兒童死亡率
五、 改善產婦保健
六、 對抗愛滋病毒／愛滋病、瘧疾以及其他疾病
七、 確保環境的可持續能力
八、 全球合作促進發展

到與社會上其他人相比的最低生活標準。相較之下，開發中國家所謂的貧窮通常是指絕對貧窮，也就是窮人缺乏維持生命所需的資源。原則上來說，只要提供足夠的資源給窮人，就可以消滅絕對貧窮。但是只要資源的分配一直不公平，那麼相對貧窮就會繼續存在。所以貧窮對於全球政治與國內政治來說都是極為重要的課題，但是貧窮並非單一的問題，也無法用單一的方式予以解決。

在已開發國家，貧窮問題的重點在於貧窮是可以避免的。工業化的經濟體產生的財富如此巨大，如果能夠公平分配給社會的所有成員，那麼就沒有人會是貧窮的，不管是針對「相對」還是「絕對」而言，都不再會有貧窮的存在。在這種情況，貧窮沒有遭到消滅，因為這本身就是一個政治決策。既然沒有一種政治思想認為貧窮是好事，那麼為何要容忍始終存在的貧窮呢？而貧窮又為什麼會存在呢？

2000
聯合國發表千禧年宣言，宣誓要在2015年之前消滅極端貧窮

2005
各國召開世界高峰會，討論千禧年發展目標的最新進展

社會主義觀點與自由主義觀點

社會主義的觀點認為不應該容忍貧窮，貧窮也不應該存在。在現實世界中，以前沒有一個國家曾經消滅過貧窮，現在也沒有一個國家消滅了貧窮，這在社會主義的眼中是一個應該要解決的問題。只是社會主義的做法不夠完善，到現在仍舊無法消滅貧窮。根據馬克斯主義延伸出來的社會主義理論，貧窮是資本主義的結構性特色，也是資本主義運作的正常結果。資本主義講求利潤最大化，因此必須透過低薪資、長工時與最低福利來壓榨勞工。換句話說，追求個人經濟優勢會助長某些政策與態度，因此會導致不平等的情況惡化，進而造成（相對）貧窮越演越烈。社會主義的任務就是要匡正資本主義所造成的嚴重不平等，並且根據馬克思的格言「各取所需」，以能達到社會平等與經濟平等的方式來分配資源，進而消滅貧窮。

典型的自由主義觀點也認為貧窮是結構性特色，但是在其他方面的看法就跟社會主義觀點不盡相同。自由主義觀點的核心思想是市場力量是決定一個國家資源分配最有效率的方式。在自由市場中，個人為了追求自身利益，必須互相競爭，造成的經濟結果是最好的結果，卻不是所有人都能得到同樣的好處，總會有贏家和輸家，這是整

雙重標準，不單純的動機

現在的國際援助看似比以前任何時候都要來得充足，其實還是嚴重不足。絕大多數已開發國家所提供的對外援助，一直都遠低於聯合國設下的對外援助目標，只有少數例外。更糟糕的是，很多對外援助計畫都遭到捐助國與受贈國的批評者質疑，而且這些質疑並非無的放矢，自有其道理。像世界銀行、國際貨幣基金之類的國際機構經常被外界批評具有某些意識型態的偏見。這些國際機構一心一意要宣揚資本主義的福音，要求援助對象必須進行市場導向的改革（民營化、消除貿易障礙）才能獲得援助，又在援助過程中強迫受贈國承擔大量的債務，這樣一來只是讓受贈國的貧窮問題更嚴重。在外界眼中，大部分的捐助國都是出於自身利益才出手。有人懷疑英國與法國這些老殖民強國是藉由援助來延續其影響力，而其他國家在外人眼中則是往往比較不在意是否能幫助他國脫離貧窮，他們比較在意的是企業的利益，還有提升自己國家的出口貿易總值。最受爭議的是美國這個最大捐助國，常有人批評美國是出於自身利益才援助其他國家，是為了要支持那些名聲不好，卻在政治上具有利用價值的政權，為了要保護重要的貿易與能源利益，以及提供援助給願意讓美國設置軍事基地的國家。國際援助陷落在批評與懷疑的漩渦之中，國際援助機構所做的許多善行都面臨被嘲諷的口水淹沒的危機。

個制度基本的運作方式。最終形成的財富模式反映了個人的天賦與技能。財富是成功的動機，而對貧窮的恐懼則是驅使個人努力進取的因素之一。自由主義觀點認爲社會主義常用的減少貧窮的方法（如重新分配稅收以及大規模的福利計畫）都很危險，因爲會干擾市場機制的正常運作，所以會傷及整體的經濟繁榮。

貧富之間的鴻溝

如今世界上的富國與窮國之間存在一道巨大的鴻溝，每天都在打擊人的尊嚴。根據估計，全球人口有八成以上一天只有不到十美元可以過活。最貧窮的百分之四十的人口的所得，約占全球所得的百分之五。而最富有的百分之二十的人口的所得，約占全球所得的百分之七十五。目前大約有二十億兒童生活在開發中國家，其中約有三分之一沒有合適的住所，五分之一沒有安全的水可用，七分之一無法享有醫療服務。每年有超過一千萬名五歲以下的兒童死於營養不良以及可預防的疾病。世界的一邊是巨富，另一邊則是赤貧，這不僅違反道德，也會造成政治不穩定。

> 「對富人來說，貧窮是不正常的事情。他們不明白想吃晚餐的人爲何不按鈴叫人送來。」
>
> 沃爾特・貝吉哈特（Walter Bagehot），1858年

自從第二次世界大戰結束以來，工業化國家的對外援助達到前所未有的規模，也不時得以提升受贈國的經濟發展與政治穩定。爲了打擊饑荒、種族屠殺與戰爭之類的天然災害與人爲災害，各國曾經發起備受矚目的人道救援計畫、預防接種計畫以及基礎建設計畫（例如提供乾淨的水以及改善環境衛生），因而提升了某些地區的平均壽命，也降低了嬰兒的死亡率。然而國內與國際的貧富差距多半還是在持續地擴大中。工業化國家的政治意志太薄弱，也太散漫，無法迅速地解決貧窮的基本原因。但是開發中國家不會一直等待，全世界的嚴重不公平必將造成更多的衝突，撼動驕傲自大的富國。

一言以蔽之：兩個世界

36 犯罪

> 「犯罪是一股無足輕重卻用錯了地方的精力。只要現在的每一個體制，不管是經濟體制、政治體制、社會體制還是道德體制，只要這些體制陰謀串連，把眾人的精力引向錯誤的管道，只要大多數人都困在不合適的位置，做著不喜歡做的事情，過著不喜歡過的生活，那犯罪就在所難免。所有的法令規章只會增加犯罪，絕對無法消滅犯罪。」

這段文字是美國無政府主義者艾瑪・高德曼（Emma Goldman）在1917年寫下。這個觀點在將近一百年前很有道理，現在也同樣有道理。她呼應了英格蘭作家赫伯特・喬治・威爾斯（H.G. Wells）大約十二年前發表的觀點。威爾斯認為犯罪是「衡量一個國家有多失敗的指標，所有的犯罪到頭來都是社會的犯罪」。不管怎麼說，國家的主要功能就是建立體制，要求人民服從全體社會共同制定的法律，維護社會秩序。犯罪就是違反這些法律，代表社會秩序遭到破壞，是公然挑戰國家的權威。一個社會如果到了無法消滅犯罪的地步，就是失能。幾乎可以說國家的意義就在於貫徹法治。國家要有貫徹法治的能力，才具有正當性。所以一個國家如果是以犯罪聞名，那這個國家就沒有存在的意義。

顧名思義，犯罪是超出私人關係的界線，進入公共領域的違法行為。犯罪行為通常是由某種刑事法規定義，指的是被認定危害社會，可以依法處罰的行為。對付犯罪行為的機構是由國家設置與管理，通常包含獲得授權以機構的名義執法的官員（警察），以及負責起訴、處罰犯罪者的司法系統。社會的健全端賴人民守法，不但

人民必須守法，政府還必須迫使人民守法。美國精神病醫師湯瑪斯・薩斯（Thomas Szasz）在1974年說：「如果犯法的人沒有受到處罰，那守法的人就被欺騙了。因為這個理由，光憑這個理由，犯法的人就應該受到處罰，如此才能彰顯好的守法行為，鼓勵對社會有益的守法行為。」

謊言，可惡的謊言……

犯罪會造成巨大的陰影，摧毀的不只是受害者的人生，還有受害者周遭許多人的人生，所以執政者對付犯罪的方式是個政治性很強的議題。在民意調查中，犯罪向來都位居選民最擔憂的問題之榜首（或是接近榜首），這並不令人意外。社會大眾對於犯罪的看法多半是受電視與其他媒體影響，電視與其他媒體通常都偏重聳動與離奇的報導。在現實政治裡，民選政治人物必須對付媒體所呈現的扭曲觀念，也要對付比較嚴肅的現實，兩者一樣多。的確，判斷這個「現實」的真相本身就是一件複雜的事情，因為政策往往是根據資訊來制定的，所謂的資訊就是政府所發布的犯罪統計資料，不但很容易造成誤導，也是社會建構出來的結果，深受政治人物與一般人的恐懼與偏見影響。

> 「貧窮是犯罪之母。」
>
> 羅馬帝國皇帝馬可斯・奧里略（Marcus Aurelius），
>
> 西元第二世紀

一般而言，只有向警方通報的事件才會有人調查，並留下紀錄，因此許多（潛在的）犯罪並沒有包含在統計資料當中。強暴、家庭暴力之類的嚴重違法行為通常都沒有通報，而像持有毒品、賣淫之類的所謂「沒有受害者」的犯罪，除非警方認真查緝，否則也都很難曝光。顯然政府的統計資料嚴重地低估犯罪的發生率，政府統計的犯罪事件大概遠低於實際發生的犯罪事件（也就是一旦通報與起訴，就會列為犯罪事件的案件）的一半。政府的統計受到嚴重的限制，所以參考政府的統計，大概不太能夠看到犯罪發生的頻率，比較能夠看到受到政治人物重視，警方積極查辦，最後也成

1905

赫伯特・喬治・威爾斯的著作《現代烏托邦》出版

1917

艾瑪・高德曼的文章「無政府主義以及其所代表的真正意義」（Anarchism, what it really stands for）正式發表

> 「正義的概念必須深植於正常的社會之中⋯⋯犯罪和困苦的生活是衡量一個國家有多失
> 敗的指標，所有的犯罪到頭來都是社會的犯罪。」
>
> 赫伯特・喬治・威爾斯，《現代烏托邦》（*A Modern Utopia*），1905年

功起訴的犯罪案件。諷刺的是政府的統計數據只記錄了失敗的罪犯，這也是在所難免，都是不夠聰明、運氣不好的罪犯才躲不過追緝。很多種罪犯與犯罪事件很少會列入政府的統計數據，比方說詐欺、侵占公款之類的企業犯罪與白領犯罪。

平衡正義的天平

所以犯罪是牽涉最多情緒的議題，政治人物必須小心翼翼地行走在人民各種的相互衝突中，有時甚至還會是互相矛盾的看法中。政治的成功是以（據說是）可以計算的犯罪率降低來衡量，但是要擴充警察的權力，也要考慮到人民會覺得自己的自由受到侵犯。舉例來說，警察監視與攔檢的權力如果完全不受限制，當然可以幫助警察逮捕罪犯，但是大多數人會覺得這樣太壓迫人民，所以對政治人物來說並不可行。處罰也是類似的道理，政治人物必須謹慎地處理處罰的問題，要在抽象的正義需求，以及維護社會秩序與確保民眾安全這些比較實際的事情之間，找到一個社會能接受的平衡點。

政府要處罰罪犯，還要找到處罰罪犯的正當理由，這是很沉重的負擔。只有在處罰罪犯的時候，政府無法像平常一樣盡到維護人民權利的責任，而是必須傷害人民，剝奪人民的自由（如行動自由、政治表達自由）。有些人並不贊成處罰，比方說王爾德（Oscar Wilde）在1891年寫道：「慣常的處罰對社會的殘害，遠勝於偶爾的犯罪。」

必要之惡？

典型的自由主義觀點主張處罰是必要之惡，因為處罰帶給社會的好處，比處罰造成的痛苦更重要。英格蘭哲學家傑里米・邊沁（Jeremy Bentham）堅稱：「所有的處罰都是傷害，所有的處罰本身都是罪惡。」殺人犯之類的重刑犯嚴重危及社會大眾的安全，足以構成監禁的正當理由（沒那麼自由主義的人會說應該處以死刑）。有人認

為處罰還有嚇阻犯罪的作用，只是這一點比較難證明。為什麼一個人受到處罰不是因為他所犯的罪，而是因為要嚇阻其他人犯同樣的罪？除了這個顧慮之外，這樣的嚇阻是否有效也受到質疑，因為有許多證據顯示潛在的罪犯是因為害怕被捕才沒有犯罪，而不是因為害怕受處罰。

也許從自由主義的觀點來看，贊成處罰的最有力的理由，是處罰能帶給正在改過的罪犯希望。處罰能夠改造並且再教育罪犯，罪犯有機會成為完整的社會成員，對社會做出貢獻。然而在這個方面，也有人嚴重質疑刑罰體系有沒有達成這個效果的能力，至少是質疑大多數現存的體系有沒有這樣的能力。

以眼還眼

另外還有一種存在更久，更發自內心的觀念，是將處罰看成一種求償，這種觀念與先前所述比較人道的觀念背道而馳。每個人都有義務遵守社會的規則，不遵守的人會造成社會的損失，這是必須償還的債務，或是應該付出的代價。犯行輕微的罪犯可以繳交罰款，名符其實「償還欠社會的債務」，犯行比較嚴重的罪犯必須付出更大的代價，會失去自由，在某些地方則是失去生命。

比較激進的人有時會將「罪與罰應該相符」的概念解讀為「罪與罰不但程度應該相等，性質也應該相等」。舉例來說，贊成死刑的人往往主張殺人者唯一合適的補償方法就是償命。這種觀點放在其他的犯罪就比較沒有說服力，比方說很少人會認為強暴犯應該被強暴（不過實際上很多強暴犯的確曾是強暴的受害者）。這種處罰方式的主要困難之處在於要在（應該是道德的）求償，與（道德上站不住腳的）報復之間，維持一個理智的距離。處罰也許不見得能代表社會對於某種行為的厭惡與憤怒，但是求償如果只剩下報復的衝動，就難以作為處罰的正當理由。

一言以蔽之：社會失能

37 安全

> 偉大的羅馬政治家西塞羅（Cicero）在西元前一世紀中期曾說：「人民的安全是至高無上的法律。」從此以後，國家與人民的安全，以及保護國家利益，一直都是政治理論與政治實務的重要考量，有些人覺得是最重要的考量。

安全的重要性無庸置疑，然而要定義安全的概念（安全的狀態，還有許多創造安全的條件）並非易事。就安全最基本的意義而言，安全的感覺是一種心理狀態，是一個人對於自己的實體環境的主觀回應，而這種安全感可能是由環境造成，也有可能與環境無關。不同的人與不同的社會之間，會基於不同的原因而感到不安全，而之所以會造成不安全感的原因（也就是個人與社會的弱點，以及個人與社會所受到（或是感覺到的）威脅）差異很大。廣義來說，舉凡會危害我們的身體健康與心理健康的事物，比方說威脅我們的健康、生活方式與物質財富的事物，都有可能是造成不安全感的原因。像戰爭、貧窮、疾病之類許多自然和人為的威脅，都有可能危害我們的社會。

國家安全與嚇阻

就安全的本質而言，安全的定義與威脅感息息相關，因此在不同的時代，安全的定義差異頗大。在歷史上，安全議題研究的範圍多半只有保護民族國家以及民族國家的領土完整，抵禦外來威脅的活動。這個觀點的基本假設是國家組成的國際系統是「無政府」的，也就是說這個國際系統是由自治且獨立的主權國家組成，所以這些國家不會承認一個有能力對他們執行法律和協議的更高權威。一般認為在這樣的系統

大事紀

約西元前52	1651	1919
西塞羅的著作《法律論》（De Legibus）主張人民的安全至關重要	霍布斯的著作《利維坦》主張國家應給予人民安全	國際聯盟成立，以透過集體安全防止戰爭為目標

中，國家是主要的行動者，維護國家安全最有效的方法就是透過國家本身的資源（主要是軍事資源），以及藉由與其他國家締結策略聯盟與協議的能力。一般認為每一個國家最主要的動機就是自身利益，其中最重要的是自身的生存。假設國家之間的往來如果不加以限制，「自然」就會導致衝突，安全分析師就必須找出能將戰爭風險降到最低的方法與機制。

　　一個國家如果沒有實際參戰，通常就必須藉由某種嚇阻手段，抵禦外來的威脅。也就是要讓潛在的侵略者相信，侵略所要付出的代價會超過得到的利益。表面上看來，最簡單的嚇阻就是防禦力量夠強大，足以粉碎他國成功入侵的希望。但是這又衍生出一個有名的兩難問題。一個國家擴充軍備，可能只是想嚇阻他國入侵，但是這個國家的攻擊能力如果也隨之提升，那其他國家會覺得應該要重視這個國家新的攻擊潛力，並且擴充本國的軍備，這樣一來可能會造成國家之間的某種軍備競賽，緊張與猜忌亦將隨之越演越烈，最終可能演變成戰爭。所以矛盾之處在於就算雙方都沒有侵

孤單、不幸、險惡、殘酷又短暫

　　一般人必須受到保護，還要感覺自己受到保護，不會受到傷害，才會覺得安全，因此創造安全的環境向來就是秩序井然的國家首要的目標。最重要的是免於恐懼（例如害怕他人傷害自己）的自由，這種自由來自國家不可或缺的權力階級架構，這個架構是國家與國際的無政府秩序之間最明顯的差異。湯瑪斯‧霍布斯（Thomas Hobbes）1651年的著作《利維坦》（Leviathan）最著名的段落，生動描繪出一個不安全的國家中，人民生活的慘狀：

　　沒有勤勞的空間，因為無法確定勤勞的成果，所以地球就沒有耕種。沒有航海，也無法使用海運的商品，沒有寬敞的建築物，沒有搬運與搬移沉重的物件所需的器械，無法得知地球的面貌，無法得知時間，沒有藝術，沒有文學，沒有社會，最可怕的是揮之不去的恐懼，還有橫死的危機，生命是孤單、不幸、險惡、殘酷又短暫。

1945.8	1945.10	1991	2001.9.11
日本廣島市遭到原子彈轟炸，核武時代開始	聯合國正式成立，以維護全球和平與安全為目標	蘇聯瓦解，象徵冷戰結束	伊斯蘭教徒對美國發動攻擊，突顯國際恐怖主義的危險

「既然大致而言，不是軍備帶來戰爭，而是戰爭（或者是對戰爭的恐懼）帶來軍備，那麼每一個國家基於恐懼（又稱爲安全）因素，當然要時時刻刻努力地維持軍備的效用。」

西班牙作家馬達里亞加（Salvador de Madariaga），1974年

略的意圖，恐懼與不安全感還是比侵略更容易引發彼此的衝突。

在二十世紀大部分的時間，集體安全（collective security）是一個重要的嚇阻模式，先後成爲國際聯盟（League of Nations）與聯合國的基本原則。集體安全並不仰賴區域聯盟維持權力平衡，而是仰賴國際社會的全球合作。國際社會的會員國彼此約定，一個會員國受到侵略，就視同所有會員國都受到侵略。集體安全在理論上很簡單，然而從近代歷史可以看出，要達到集體安全能有效運作的條件其實是非常不容易。「國際社會」的實際運作往往言過其實不如想像中樂觀，各會員國因爲利益衝突的關係，對於「侵略」的定義看法也不一，因此影響了共同行動的意願。

多元化的威脅

安全議題研究的範圍在過去二十五年迅速擴張。自從冷戰結束，原本由兩大核武超級強國主導的兩極化世界，開始轉變成面臨許多新危機（或是新崛起的危機）的高度多元化世界。通訊方式的革新，尤其是網路的問世，推動了全球化的力量，國家的疆界變得容易滲透又模糊，因此內部威脅與外部威脅的分界也變得更加地模糊不清。人和資金跨越國界，在各國快速地流動著，因而帶來了新機會和新危機，例如跨國詐欺等新型態的犯罪。在此同時，國際恐怖主義是國家的疆界無法阻絕，也無法圍堵的安全威脅，尤其是在九一一恐怖攻擊事件之後，國際合作也因此達到了空前的層級。

在廣義的環境相關議題上，傳統的安全範圍明顯擴大。所謂的環境安全（environmental security）的細節很複雜又有爭議，主張許多的「非傳統」（非軍事）威脅會嚴重影響生活品質，尤其還會挑起暴力與衝突，或者導致暴力與衝突惡化。許多環境壓力的來源都與環境安全相關，比方說水和石油之類的重要資源短缺，還有全球暖化、汙染、土壤侵蝕、沙漠化、森林破壞與生物多樣性消失所造成的環境

相互保證毀滅的世界

在二十世紀後半的冷戰期間,安全分析師與政治人物關注的焦點都只放在蘇聯領導的華沙公約組織(Warsaw Pact)與美國領導的北大西洋公約組織(NATO)之間的關係。討論的議程主要是揮之不去的核武戰爭威脅。當時盛行的嚇阻理論是相互保證毀滅(Mutually Assured Destruction,又稱MAD),理論的基礎是冷戰雙方實際上都無法使用核子武器。根據相互保證毀滅理論的可怕邏輯,核子武器具有難以想像的毀滅力量,可以維持一種雖然緊張卻很穩定的和平,也就是說如果冷戰的一方動用核子武器,會引發另一方的報復攻擊,雙方必將同歸於盡。後來冷戰雙方就狂熱地發展軍事,確保自己的軍事力量足以承受對方先發動的攻擊,還能有餘力發動致命的反擊。結果形成一種非常詭異的安全(如果可以稱之為安全的話),之所以非常詭異,是因為這種安全其實是來自一種最令人痛苦的不安全感,是擔憂不斷地升高卻又無法控制的緊張情勢,還有擔憂冷戰的一方在無意間先發動攻擊的不安全感。

破壞,以及不加以控制的人口成長、傳染疾病的流行,還有水災、地震之類的自然災害。全球安全與環境之間的關係至今未有定論,但是安全的確是國際議程上最迫切需要解決的議題之一,正如美國國務卿華倫·克里斯多福(Warren Christopher)在1996年所言:「環境的力量跨越疆界和海洋……要達到政治穩定與經濟穩定,常常必須處理天然資源議題。」

一言以蔽之:威脅與弱點

38 情報

> 「知己知彼，百戰百勝。」中國軍人與戰略大師孫子在兩千三百多年前發表的智慧箴言，至今仍是情報機關奉行的指導原則。掌握可靠的資訊，了解那些懷有侵略和不良意圖，可能危害國家與國家利益的人士，就是對抗潛在危機，維護國家安全的一大利器。

一般人受到小說與電影的影響，對情報工作的想像就是一群外國間諜、臥底和雙重間諜，在一個充滿冒險與陰謀的邪惡世界鬥智鬥法。自古以來也的確不乏各種奇異的陰謀詭計，用來蒐集敵人的情報，洞悉敵人的意圖，這些陰謀詭計有時也奏效。雖然蒐集情報一向都會用到間諜（諜報），但是像瑪塔・哈里（Mata Hari）和詹姆斯・龐德（James Bond）這樣的冒險經歷其實非常罕見。蒐集、分析與掩飾有用的情報往往是很講究技巧的工作，需要專業技術與科技，也需要龐大預算，不過情報工作需要的常常不是殺人執照，而是非常深厚的耐心與堅持。

戰術與戰略

在以往，蒐集情報多半都是透過比較特別，比較將就的手段，直到最近才有所改變。這類活動主要是出現在軍事行動，目的是確認細節，比方說敵軍的戰場實力與軍事部署。直到二十世紀，各國政府才開始將軍事功能為主的情報工作，轉為和平時期的專責情報組織。

這些情報機關的首要任務就是蒐集並評估情報，主要是軍事、政治與經濟情

大事紀

西元前第4世紀	1941.12	1947	1973
孫子在著作《孫子兵法》中強調軍事情報的重要性	日本突襲美軍珍珠港海軍基地	中央情報局成立，負責協調美國情報活動	美國中央情報局暗中支援智利的政變，導致智利總統薩爾瓦多・阿連德（Salvador Allende）下台

報，蒐集情報的對象就是幾個可能會威脅到國家安全與特定國家利益的國家或群體。蒐集來的情報再交給相關的決策者，作為制定政策的參考。在戰略層次，一個國家如果能掌握情報，了解某些國家的實力與意圖，就更能定義較為廣泛的政策立場。相較之下，戰術情報的範圍較為狹隘，主要是滿足軍事指揮官在戰場上作戰決策的需求。

天眼地眼

一般人對於情報工作的印象多半是來自冷戰時代，那是個意識型態壁壘分明的世界。冷戰牽涉到的利害實在太大，所以雙方陣營為了要取得情報，幾乎可說是不惜一切代價。在東方和西方，都有國家分配大筆預算給情報機關，招募最聰明的人才，運用最新科技，滲透敵人嚴加看守的祕密。當時就和現在一樣，絕大多數的情報並非由間諜人員直接蒐集而來，而是透過各種技術取得。雙方陣營都非常倚重訊號情報（signals intelligence），也就是竊聽（用電子設備偷聽），以及攔截並破解無線電訊號與其他電子通訊內容。影像情報（imagery intelligence）也同樣重要，所謂影像情報就是使用飛機和衛星，拍攝地球表面的設施與其他特徵的照片、紅外線影像，以及

介於外交和戰爭之間

情報機關最具爭議的任務其實與情報無甚關聯。情報工作的許多層面都需要保密與謹慎。所以一國政府如果需要掩蓋在國外的活動，通常都會借重習慣保密的情報人員的獨特才能。根據南非政府在1995年提出的觀點，祕密行動是「一個國家在國外的活動，目的不在於蒐集資訊，而是影響事件的發展，是一種介於外交和戰爭之間的活動」。這種祕密行動在當時總是沒有得到公開承認，舉凡顛覆政府、影響選舉結果的行動，以及全面的準軍事行動，都屬於這種祕密行動的範疇。最積極贊助祕密行動的國家就是美國政府，是透過中央情報局（CIA）贊助祕密行動。中央情報局的許多行動至今仍廣受爭議，比方說中央情報局暗中運作，在1973年推翻智利的阿連德政府，以及在1980年代提供軍事與金錢援助，支援聖戰組織對抗蘇聯的游擊戰。

1980年代	1991	2001.9.11	2003.3
美國支援阿富汗聖戰組織發動戰爭對抗蘇聯	蘇聯垮台，代表冷戰結束	美國發生九一一攻擊事件，這是美國情報機關的重大失誤	美國根據錯誤情報，發動伊拉克戰爭

其他種類的影像。

這些監視技術越來越精密，超越了所謂的「人員情報」（human intelligence），不過人員情報才是藝術創作者與觀眾繼續著迷的對象。人員情報通常是在外國的現場蒐集，一般是由外國官員洩漏出去，或者是當地某些受到信任的人士受到情報人員引誘，洩露了當地政府交給他們的機密資訊。這些所謂的人員「資產」是由情報官員或是專門管理情報人員的人負責管理，這些人通常具有外交身分掩護，隸屬於使館，有些則是以非官方身分掩護，比方說以學者、商人的身分出現。

反情報

所有的國家或多或少都在打一場永無止境的戰爭，要蒐集敵國和競爭對手的資訊，所以情報機關的重要功能之一就是反情報，也就是防堵、妨礙敵國取得本國的重大情資。防堵資訊外流也是反情報作業的一種，就是透過健全的安全程序、將敏感資料予以加密保護，以及限制敏感資料讀取等措施，防止祕密（機密）資訊落入外人手裡。比較積極的反情報作業就是阻撓敵國間諜行動，以防止外國間諜滲透本國政府、軍隊以及情報機關。有時也可透過雙重間諜（或是「臥底」）滲透敵國的情報機關，或是故意提供錯誤或誤導的情報，影響敵國分析評估情報的能力。

失誤與恥辱的日子

一般人比較會記得情報機關的失敗，比較不會記得情報機關的成功，這是情報機關無可避免的命運。美國聯邦調查局和中央情報局沒有事先掌握發生在紐約和華盛頓的九一一恐怖攻擊事件，一般認為這是美國情報史上最嚴重的失敗。美國情報機關在犯下天大的失誤之後，馬上又錯估伊拉克發展大規模毀滅性武器的能力，這個錯誤情報就是美國發動2003年伊拉克戰爭的主要理由。九一一恐怖攻擊是美國小布希總統發動「反恐戰爭」的主因。外界經常將九一一事件拿來和先前同樣悲慘的一次情報失誤做比較，那就是1941年12月日本偷襲珍珠港。這起事件導致美國捲入二次世界大戰。在這兩起事件當中，問題並不在於情報品質，而是各機關無法協調合作，沒有採取適當的行動。兩起事件都引發美國情報單位深切地反省與檢討。

新挑戰

在冷戰時代，保護國家機密已經到了風聲鶴唳、草木皆兵的地步。諸如美國中央情報局（CIA）以及蘇聯國家安全委員會（KGB）等機關暗中蒐集情資。藉由源源不絕的情報，超級強國雖然風聲鶴唳，卻也得以長期維持穩定。在這段期間，通常都很清楚敵人是誰。情報十分稀少，又得來不易，所以向來珍貴。然而這個情況在1991年蘇聯垮台之後完全改變。

目前有許多非政府行動組織活躍於世界舞台，其中有些是不惜訴諸恐怖行動的基本教義派，製造了各種新威脅。在此同時，全球通訊的革新，尤其是網路的問世，導致大部分的國家變成前所未有的公開。雖然很多情報一向是來自「公開來源」，也就是從報紙、廣播等公共來源辛苦蒐集而來，參考價值較高的情報多半還是來自祕密行動。在資訊滿天飛的陌生環境，情報人員越來越常面臨的難題不是如何取得情報，而是如何避免被情報所淹沒。有些國家的確還是維持封閉，需要情報人員關注，然而情報人員的重擔已經從「蒐集」轉為「過濾」，也就是要面對鋪天蓋地的資訊，在一座座垃圾山中挖掘寶石。大多數人都相信情報機關在未來仍將持續地活躍著，卻也明白情報機關的許多傳統功能與作業方法都必須重新思考與定位，情報機關也必須在快速變動的世界中扮演新的角色。

一言以蔽之：了解你的敵人

39 政治暴力

> **政治是以暴力為前提。一群人之所以會組成社會，賦予政府中央行政的權力，形成了國家，主要就是出於對暴力（或是暴力威脅）的顧慮。也是基於這個顧慮，國家才會主張「只有國家有權合法使用暴力」，也就是說只有國家才有權對於外敵以及觸犯國家法規的人民使用肢體暴力。**

　　至少這是十七世紀湯瑪斯・霍布斯（Thomas Hobbes）、約翰・洛克（John Locke）等人的政治傳統思想，到如今仍然具有影響力。霍布斯認為一群人如果沒有生活在政治組織的社會，就會生活在「自然狀態」（state of nature），也就是說個人生活在沒有社會約束的恐怖環境裡，被權力的慾望所驅使，不關心任何人，也不信任任何人，籠罩在「揮之不去的恐懼，以及暴力死亡的危機」當中。

　　政治暴力與其他形式的暴力主要差異在於在施暴者眼中，政治暴力永遠是合法的。有人說一個人眼中的恐怖分子是另一個人眼中的自由鬥士，這話聽來雖說是陳腔濫調，卻也有幾分道理。當然每個國家都認為自己遭受的暴力是非法暴力，理論上是這樣沒錯（就如同對納粹國家施加暴力也是違法），但是一個以正當方式組成的社會應該提供合法管道，讓人民表達異議。如果沒有這樣的管道，那人民自然就會質疑國家的合法性，在某些情況還會挑戰國家的合法性。人民可以透過很多種方式挑戰國家的合法性。有些人堅持採用非暴力抗議，特別是「不合作主義」（civil disobedience），也就是蓄意且有條不紊地蔑視違法國家的法規，最著名的例子就是

1914	1916	1933
法蘭茲・斐迪南大公在塞拉耶佛（Sarajevo）遇刺身亡	愛爾蘭反抗軍在復活節起義擁抱血祭	第一個集中營在達豪（Dachau）成立，預告納粹即將展開種族屠殺

甘地（Mahatma Gandhi）和馬丁・路德・金恩（Martin Luther King）。不過多數人還是認為如果其他手段都無效，那就有正當的理由訴諸暴力手段，這種暴力也包括被鎖定的國家眼中的恐怖行動，在極端的情形，這種暴力也有可能演變成公然革命。

內戰

內戰是最複雜、涵蓋範圍最廣的政治暴力，往往也是造成最多人傷亡的政治暴力。內戰的起因通常是爭奪一個國家的政權，或者一個國家的某個地區的統治權。內戰的一方是政府軍隊，另一方則是一個或一個以上的反抗團體。反抗團體通常是由少數族群所組成，因為種族、文化或是宗教差異而遭受歧視，因此要求擁有適當的政治代表，更大的自治權，或是完全獨立。內戰爆發可能會揭開好幾個世代以來嚴重的社會分裂，在戰爭正式結束之後，分裂還會持續很久。根據估計，二十世紀的後半爆發了一百多場內戰，總計死亡人數遠遠超過同時期「傳統」的國際戰爭的死亡人數。在最近幾十年來，最嚴重的內戰有些是發生在非洲國家，包括安哥拉、剛果、盧安達、賴比瑞亞、蘇丹和索馬利亞。其他地方也發生過許多內戰，遠至阿富汗、東帝汶、車臣、斯里蘭卡和巴爾幹半島諸國等地都曾爆發內戰。

種族滅絕和「種族淨化」

內戰要能維持一段時間，敵對的雙方或多或少必須勢均力敵。如果敵對的雙方並非勢均力敵，或者在戰爭過程中有一方擊敗另外一方，另一種同樣致命的政治暴力就會出現。尤其是如果內戰是因為種族、文化或是宗教因素而起（通常是被戰爭的一方蓄意誇大，當作開戰的藉口），那麼社會分裂可能會升高為集體屠殺以及國家贊助的謀殺。在內戰中，女人和兒童往往被捲入戰爭，成為無辜的受害者，但是在種族滅絕行動中，挑起事端的一方明確宣示要滅絕敵對的種族，此時女人和兒童雖然不曾參與戰鬥，卻有可能會被蓄意地特別鎖定，成為屠殺的對象。

1947	1992	1994	2001
印度宣布獨立，甘地的非暴力運動達到高峰	前南斯拉夫開始「種族淨化」	盧安達爆發種族屠殺，超過五十萬名圖西族人死亡	伊斯蘭教徒發動的九一一攻擊事件是「新」恐怖主義的高潮

　　就受害者人數而言，二十世紀爆發的種族滅絕和大規模屠殺比先前多。歐洲的猶太人在二次世界大戰之前以及二次世界大戰期間遭到屠殺，這是以文化和宗教差異爲由行種族屠殺之實的最惡名昭彰的例子。當時納粹國家明確宣示的政策是要「淨化」其所占領的所有區域，強制驅離並消滅「不良分子」（所謂的「不良分子」也包括吉普賽人，以及很多納粹眼中的低劣或腐敗分子，例如同性戀者、殘障人士以及精神病患）。根據紀錄，自1945年以來，全球各地發生過五十多起種族滅絕和政治因素挑起的大規模屠殺事件，最近幾個惡名昭彰的例子發生在盧安達以及蘇丹的達佛區域。

　　從1992年開始，「種族淨化」這個名詞也用來形容主要由波士尼亞和塞爾維亞的準軍隊組織在前南斯拉夫的波士尼亞與赫塞哥維納（Bosnia-Herzegovina）共和國，針對敵對種族所實施的大規模屠殺、驅逐出境與拘留政策，這是一種可怕的扭曲定義。波士尼亞和塞爾維亞的準軍隊組織其目的是要把原本擁有多元種族的爭議地區變成只有「單一種族」，以便進一步掌握這些地區的主權。反對者認爲政治人物和外交官口中的「種族淨化」，其實就是指「種族滅絕」，只是一種挖苦的婉轉說法，之所以用這種說法，是要漂白施暴者的暴行，也爲明明應該出手干預，卻不願出手干預的國際社會找藉口。大家都知道種族滅絕是一種極端的種族淨化行爲，但是不該認爲種族滅絕就等於種族淨化，因爲有些種族淨化方式（例如強制放逐）顯然沒有到種族

血祭

　　在政治暴力事件中，施暴的一方自然會認為自己的行為正當合理，就算會讓自己和其他人受苦，甚至付出生命的代價，也還是值得。不過很少人像1916年愛爾蘭反抗英國統治的復活節起義（Easter Rising）的領導人一樣樂於成仁。《愛爾蘭共和國宣言》（Proclamation of the Irish Republic）的簽署人一致認為，愛爾蘭必須展現「愛爾蘭的兒童願意犧牲自己的生命」，來證明愛爾蘭的價值。宣言在公開朗讀之後，起義就正式展開。血祭的祭壇最狂熱的崇拜者就是起義軍領袖派屈克·皮爾斯（Patrick Pearse）。他曾經寫下一段神祕的文字，將流血形容為「淨化與神聖的事情」，還寫道「戰場的紅酒溫暖了大地古老的心臟」。起義軍認為透過一場浩大的行動，一場可能讓他們失去生命的浩大行動，會重新喚起愛爾蘭人的革命民族主義（revolutionary nationalism）精神，事實證明他們是對的。起義開始不到三個星期，皮爾斯和其他十四位起義軍就遭到審判，最後被行刑隊處決。他們死時成為烈士，愛爾蘭的獨立浪潮自此無可阻擋。

減絕的程度。至於1992年之前的事件能不能稱爲「種族淨化」，至今尚有爭議。

> 「在權力岌岌可危的時候，暴力就會出現，如果任由暴力發展，不加以節制，那權力就會終結……暴力可以毀滅權力，卻絕對無法創造權力。」
>
> 德國政治理論家漢娜‧鄂蘭（Hannah Arendt），1970年

恐怖主義

「恐怖分子」的標籤絕非中立的字眼。恐怖行動顧名思義就是違法且違反道德的行動，所以政治行動者只會被對手稱爲恐怖分子，絕對不會自稱是恐怖分子。恐怖行動一向都是因爲政治因素而起，通常是一群亞國（sub-state）的行動者或團體，因爲某種共同的擔憂或意識型態團結在一起，做出恐怖行動。有時候國家的某些行爲也會被稱做恐怖行動，但是這是一種誇張的指控，意思是說一個自稱爲國家的實體尤其不該有這種行爲。有時候國家會被指控「贊助」恐怖主義，意思通常是說這些國家提供金錢或間接援助，給在其他國家犯下暴力行爲的人。不過這種指控通常都帶點虛僞的味道，就好比在1980年代，美國雷根政府一面指控利比亞贊助恐怖分子，一面卻在尼加拉瓜等地支援反抗憲政政府的暴力行爲。

自從回教基本教義派在2001年9月11日攻擊紐約和美國國防部五角大廈，國際間對恐怖主義的關注至今仍然停留在前所未有的高峰。這種新品種的恐怖主義的特色是狂熱以及拒絕妥協。很多分析家認爲九一一事件這樣的暴行並非新品種恐怖主義的第一個例子，卻是最糟的例子。這些「新」恐怖分子的行動主要是受到極端宗教信仰的驅使，而非出於對世界的擔憂，其中最知名的就是伊斯蘭教團體「基地組織」。他們最終只對上帝負責，爲了盡可能多殺一些敵人（也包括不參加戰鬥的平民），甘願犧牲自己的生命。因此他們的敵人始終不了解他們，而他們在敵人的眼中是個強大的威脅，而且至今依然無法完全了解，更遑論對他們提出有效地對抗良策。

一言以蔽之：
何時是戰鬥的正確時機？

40 福利

> 「光是將弱者扶起是不夠的，扶起之後也要照顧他。」這是莎士比亞筆下人物「雅典的泰門」（Timon of Athens）說的話，也可以當作福利國家的格言。只有真正的幸運兒才能終其一生都不需要他人幫助。幾乎每一個人在人生的某一個階段，都會遇到無法獨力解決的問題，例如失業、家庭破碎、暴力與虐待、身體與精神的疾病與殘障、犯罪與毒癮，以及年老。在我們遇到困難與困境的時候，如果國家能像一張安全網一樣地接住我們，那還有什麼比這更貼心的呢？

我們都很熟悉這樣的國家。每個國家的福利服務的範圍與組織可能差異甚大，但是幾乎每個國家都有提供國民一些幫助。的確，很多人會毫不猶豫地認同塞繆爾·詹森（Samuel Johnson）說的話：「文明的真正考驗在於能否妥善照顧窮人。」一個國家要能提供所有人民社會福利與經濟安全，就必須投注資源建立巨大的基礎設施，還要提供多種福利，比方說失業補助與疾病補助、退休金、免費醫療和住房津貼。而要建立這樣的福利體系，有錢人必須拿出一些財富，改善國內同胞的生活。很多人認為如果人民願意繳交重稅，願意大幅度重新分配財富，就表示人民具有健全的公民社會所需的社會意識。這種觀點在國家內部發酵，也助長了人民的共同意志，甚至國家認同。在這個層次上，一般認為民族國家（nation-state）之所以能崛起成為卓越的政治體系，與福利國在同一時間的發展有關。

表面上看來，福利似乎是社會凝聚的關鍵，其實並不盡然，因為福利的問題正好

大事紀

1930年代	1942	1949
美國總統羅斯福推出「新政」，在美國開始提供失業救濟、退休金等社會福利	「貝佛里奇報告書」（The Beveridge Report）建議英國開辦詳細的社會保險計畫	美國總統杜魯門推出「公平政策」，包含在美國實施大規模的社會福利

落在意識型態的重大分歧上。美國政治人物與社會科學家丹尼爾‧莫伊尼漢（Daniel P. Moynihan）在1994年寫下的文字，一語道盡贊成與反對雙方的敵對程度：「福利變成咒罵的字眼，變成一個充滿爭議，時常流露惡意的政治戰場，自由派與保守派在戰場上廝殺，兒童遭到忽略。」贊成福利的人認為市場力量造成不公不義與社會對立，需要藉由福利予以矯正。他們認為資本主義如果不加以約束，就會導致嚴重的不公與剝削，而福利可以作為一道防線。在另一方面，反對者認為福利必須嚴格限制，否則就會干擾市場運作，導致效率低落，壓抑積極進取的行為，人民也會失去工作的動機，最終就會演變成保姆國家（nanny state），形成依賴的文化，社會也不鼓勵領取福利的人為自己的人生負起該負的責任。

> 「權力只有一個責任，那就是提供社會福利給人民。」
>
> 本傑明‧迪斯雷利（Benjamin Disraeli），1845年

從搖籃到墳墓

在十九世紀開始的幾十年，最早的工業革命帶來了過度擁擠、髒亂與傳染病等問題。社會大眾對惡劣環境的顧慮，就是造就現代福利服務的主因。維多利亞啓蒙時代的企業家認為貧窮並不代表窮人自己有道德瑕疵。這些企業家明白很多困境其實是工業化與資本主義運作的正常結果，就成立了許多慈善團體，也就是今日的福利服務的基石。

第一批現代福利國是在二次世界大戰之後，在北歐的社會主義政府與社會民主政府（尤其是瑞典與英國）的煽動下所興起。最早期的福利制度包山包海，目的是要在國民的人生的每一個階段，「從搖籃到墳墓」，都給予保護，也提供（至少）基本的必需品，例如衛生服務、教育與住宅。早期的福利多半是針對因為失業、殘障或疾病而無法工作的人，所以福利所需的資金一向是（至少有一部分是）來自勞工支付的保

1965
美國總統詹森推出「偉大社會」計畫（Great Society），在美國開辦醫療保險（Medicare）以及醫療補助（Medicaid）

1973,1979
油價大幅攀升（油價衝擊）引發全球經濟危機

1980年代
美國的雷根政府與英國的柴契爾政府著手調整社會福利

險費，而勞工繳交保險費，也能替自己累積將來可享有的福利。現在的福利制度結構多半複雜，仰賴國家資金、私人資金與自願捐獻組成的「混合經濟」，而政府機關、商業機構與慈善團體就在這個混合經濟中並肩合作。

繁榮與衰退

二次世界大戰之後，西歐工業國家普遍認為政府應該提供鉅細靡遺的福利。在此同時，美國的羅斯福總統（Franklin D. Roosevelt）推出新政（New Deal），後來的杜魯門總統（Harry S. Truman）又推出公平政策（Fair Deal），之後的幾位總統也推出各種福利計畫，立下了福利政策的原則。然而到了1970年代，出現了許多可能終結現狀的因素。1973年爆發石油危機（又稱「石油衝擊」），切斷了便宜的能源供給，於是戰後持續了一段時間的經濟成長與繁榮就此打住。失業率持續攀升，加上高支出國家的社會主義政府的預算赤字，導致經濟嚴重地衰退。職場和整體社會的模式改變，只是讓情況更糟。年輕人的所得流向老人，這種現象在福利國家向來明顯，隨著老人（也就是社會服務的淨消費者）比例增加，所得流向老人的速度就更快。在此同時，歷經幾十年的經濟繁榮，一般人都會期待更高的生活品質以及更好的社會服務。舉例來說，在醫療保健方面，雖然有新療法與藥效更強的藥品問世，成本卻很高。突然間大家發現必須做出選擇，列出優先次序。

依賴的文化

國家的援助可能讓受到援助的人養成依賴心態，這種擔憂並不是新聞。愛爾蘭政治人物與政治理論家埃德蒙・伯克（Edmund Burke）在1795年寫了一份備忘錄給英國首相小威廉・皮特（William Pitt the Younger），提及「用國家的糧食餵人民」的危險。他說「人民習慣跟政府要麵包，一旦開始短缺，他們就會轉而咬餵他們的那隻手。政府為了避免這個問題，就會把問題的起因加大一倍，結果問題就變得根深柢固，無可救藥。」最近幾十年也出現類似的顧慮，認為福利可能是製造社會的下層階級的元兇。所謂下層階級，就是永遠被排除在主流社會之外的一群人，他們的特色是無業、破碎家庭與單親家庭、濫用藥物、幫派文化以及犯罪。學界對於下層階級的定義與成因多有爭論，無法論斷下層階級被排除在主流社會之外是因為他們自己的態度與行為，還是因為社會更深層的結構不平等。

在動盪的背景中，諸如美國的雷根政府與英國的柴契爾政府等新自由主義政府取得政權，帶來政治轉變。政治論述變成兩極化。自由市場

派譴責（據說是）社會主義政權滋生的依賴文化，要求政府在衛生、教育與社會福利等重要領域刪減開支。儘管自由市場派大力抨擊，政府（包括福利國家政府）卻始終只能刪減部分開銷。雖然政府擺出強硬的態度，發布更嚴格的福利資格限制，並且大肆宣揚市場環境有多嚴峻，但是國家頂多只願意改善和調整福利政策。

聖牛與火雞

自1980年代以來，福利服務所承受的社會壓力與經濟壓力從未減少。的確，自1990年代以來，全球化的力量造就了快速流動（也非常多變）的資金投資文化，削弱了民族國家對於本身經濟前途的控制。高薪資與高社會福利成本現在成為一種奢侈，可能會破壞一個國家的全球競爭力。但是在民主國家，選民仍然不支持刪減或廢除社會服務計畫。選民即使原則上反對高課稅與高公共支出，也不願意投票反對他們自己也能享受的社會服務。美國政治幽默作家歐魯克（P.J. O'Rourke）在1991年寫下一針見血的一段文字：

社會福利是政府開辦的計畫，支持者包括老人，即將邁入老年的人，還有希望變老和害怕變老的人。我們努力了兩百一十五年，終於發現了一種能涵蓋所有人口的特殊利益。現在我們可以透過投票，讓自己變得富有。

只要民主政治繼續生存，只要火雞拒絕投票給聖誕節，福利國家應該就能安然無恙，不用擔心會被民選政府給廢除了。

一言以蔽之：給社會保障

41 種族主義

有些觀念不管有多糟，還是可以生存下來。在受過教育的人眼中，很少觀念像種族主義這樣完全不足取。科學已經證明種族主義毫無智慧可言，歷史也已經證明種族主義在文明社會中完全沒有立足之地。種族主義乍看之下似乎沒有生存的條件，卻有著旺盛的政治生命。

在每個現代社會，對種族的信仰以不同形式苟延殘喘至今。這些信仰主張人類屬於許多不同的排外且純粹的生物團體（種族），每個人屬於一個種族，也只屬於一個種族。每個種族擁有相同且明顯的生理特徵（例如膚色），一般認為每個種族也有獨特的心理特質，例如性情與智能。這些信仰釀成偏見（種族主義），也就是造成政治、社會、經濟與文化各層面嚴重的不平等與不公義的原因。如今大多數人並不相信種族理論，然而很多權力結構與權力機構卻是因為種族主義而興起，也曾經把種族主義當成存在的正當理由，這些權力結構與權力機構至今依然存在，也經常受到強大的利益團體扶持。

在很久以前，「種族」這個名詞就用來泛指幾群因為某種原因而有了關聯（或是有人認為有關聯）的人，也許是擁有相同的血統，或者是同樣來自某個地理區域。這個名詞如此運用並不精確。在其他的情境，這樣的幾群人可能稱做民族或群落。直到過去三百年，才發展出比較精確的「種族」定義，成為「種族主義」這個名詞的基礎。

大事紀

1641	**1865**
麻薩諸塞（Massachusetts）的美洲殖民地首先將奴隸制度合法化	美國廢除奴隸制度

種族的起源

種族的概念以及種族主義的世界觀可以追溯到十七世紀歐洲殖民主義的成長，尤其是奴隸制度與奴隸販賣（見方塊說明）的興起。在接下來的幾百年，種族「相異」感在一開始主要是一種直覺的感受，幾乎沒有成爲一種概念，然而歷經連續幾波種族歧視法律的立法，以及知識分子與科學家提出理論，種族「相異」感變得更加強烈。康德（Kant）與伏爾泰（Voltaire）等思想家明確表示「野蠻人」或「原始人」是低等種族，而科學家也花費精力研究所謂的人類種族區隔。有些人甚至主張其他種族是由不同物種組成，意思是說這些種族並非人類，或者不完全是人類。反正到了二十世紀初，大家經過好幾十年都習慣了，都把一種其實就是種族主義的世界觀當成生物學與人類學的眞理。世界多數國家根深柢固的觀念就是「人類群體天生就有種族差異」，也認爲種族差異可以作爲政治差別待遇與社會差別待遇的正當理由。

種族與奴隸制度

對於在十七世紀初在北美落地生根的第一批英格蘭殖民地開拓者而言，生活是意想不到的艱難。在這個弱肉強食的世界，他們理所當然會剝削接觸到的人，先是剝削美洲印第安原住民，後來又剝削不久之後也來到北美的非洲黑人，必須如此才能在殘酷的世界生存下來。原本是因為經濟上的需求才剝削異族，久而久之就養成一種心態上的習慣，到了1600年代末，原本尚未成形的文化與道德優越感開始茁壯成一種成熟的合理化藉口，將他們得來不易的財富的支柱「奴隸制度」予以合理化。英格蘭殖民地開拓者普遍認為這些非歐洲民族屬於不同的種族，所以比較低等。加上哲學家和科學家也推波助瀾，這種觀念就逐漸深植人心。在美國於1776年建國之時，奴隸制度在美洲殖民地已經合法地存在一百多年了。美國雖然自詡是「自由者之家」與「自由堡壘」，在建國之後的八十九年都還是很仰賴奴隸勞力。奴隸制度在1865年正式廢除，但是奴隸制度衍生出來的歧視待遇在許多層面還是繼續存在了一百年。種族主義是奴隸制度的遺毒，至今仍然方興未艾。

1933	**1964**	**1990**年代初
納粹德國實施第一項反猶太人的種族主義政策	美國頒布民權法案（Civil Rights Act），禁止種族隔離	南非正式立法終結種族隔離制度

種族主義與種族歧視

種族主義的世界觀是一種意識型態，是建立在關於人類與人類關係的一套信仰與態度上。某些生理特徵（如膚色、頭顱形狀等）是生物學的正常現象，但是有人認為這些生理特徵代表更深層的生物差異，是一種種族識別。這些生物差異雖然是取決於個別種族獨特的生物機制，不過有人認為這些生物差異是由基因決定，所以是代代相傳、與生俱來，也是永久不變。

這種種族主義（有時又稱「種族歧視」）並沒有產生任何明確的道德結論與政治結論。「人類屬於生物學上相異的種族」以及「每個人都應該受到平等待遇，享有平等權利」這兩種觀念並不矛盾。然而種族主義的世界觀常帶有一種觀念，就是在理論上，各種族在某些特質上（如心智能力、道德等等）並不平等，因此原則上是可以依據各種族的相對優越程度，將各種族分為不同的等級。

一般人所理解的種族主義的概念就是「有些種族比其他種族優越」。一般而言，這種觀念是一種既粗糙且愚蠢的輕蔑，是對於外表特徵、出身地區等特質跟自己不一樣的人的輕蔑。個人可能會透過侵略行為或暴力行為來表達這種輕蔑。更嚴重的是政治人物與國會議員會把種族主義的世界觀概念，當成在社會上頒布種族歧視政策以及建立種族歧視機構的理由，這樣的事情已經出現過。最惡名昭彰的例子出現在南

分隔還是融合？

種族主義在戰後的西歐發展的一大重點，就是移民從亞洲、非洲以及加勒比海的前殖民地湧入英國、法國等國。在1950年代與1960年代的繁榮歲月，當地政府鼓勵很多外來移民定居，多半是希望他們能填補勞工市場上乏人問津的低階層工作空缺。結果到了1970年代，經濟陷入衰退，外來移民就成了種族主義仇視與傷害的箭靶。從那時候開始，政壇就一直在研究將少數族群與本國強勢族群整合的最佳方式。政治人物必須走鋼索，一邊是移民團體合法的社會與政治期待，另一邊是「白人」族群某些人士的焦慮。面臨這個問題的幾個國家採取截然不同的策略，像法國就是採取極度偏向社會同化主義的方法，堅持新來的移民必須大致遵從法國的傳統規範。英國則是採取多元文化的方法，各種族可以保留很多原本的習慣與習俗。至於哪一種方法比較有效，還是兩種其實都無效，至今依然沒有共識。

「我不相信人類悲哀到注定沉淪在種族主義與戰爭那杳無星光的午夜，永遠無法等到和平與博愛的曙光。」

馬丁・路德・金恩（Martin Luther King Jr），1964年

非。南非政府先前實施種族隔離政策（apartheid），針對占該國多數人口的非白人族群實施各種種族歧視的措施。非白人族群遭到隔離，只能生活在指定區域，只能做低階層工作，也不能享有大部分的政治、經濟的機會與權利。這個情況直到1990年代初，南非政府廢除種族隔離政策後才有所改變。

種族的緩慢死亡

在1970年代之前，政治人物想要鼓吹種族主義，還是可以引用許多科學家的理論作為後盾。不過在證據的壓力之下，支持種族主義的科學理論開始分崩離析，先是血型模式，而後是DNA以及其他遺傳學指標，這些科學證據都與傳統的種族分類沒有任何關聯。現在的科學家幾乎一致反對生物學的種族概念。一般認為種族的概念是一種社會的概念，是相對而言比較新的產物，必須放在特定的歷史、文化與政治脈絡中才能理解。不幸的是要根除一般人心中這種毀滅性的種族主義思想，所需的時間一定會多出許多，這大概也是在所難免。

一言以蔽之：
種族主義那杳無星光的午夜

42 貪腐

> 「貪腐不是現在才出現的問題……是人類問題。幾乎每個社會都存在某種貪腐問題……貪腐會抑制發展，奪走可以用來改善基礎設施、支援教育體系、強化公共衛生的稀少資源，這是明明白白的事實……到最後，如果人民無法信任政府會善盡職責，也就是保護人民，提升人民共同的福祉，那就什麼都不必談了。所以對抗貪腐是我們這個時代最艱難的戰役之一。」

　　即將成為第四十四任美國總統的參議員歐巴馬（Barack Obama）2006年拜訪肯亞時發表了一場真誠的演說，主題是貪腐氾濫對國家各層面（政治、經濟與社會）發展的破壞力量。正如歐巴馬所言，沒有一個時代，沒有一個地方能免於貪腐的荼毒。幾乎自從人類組織社會，形成政治階級制度開始，就一直在思考該如何妥善使用權力，以及美德在公眾生活的角色。濫用個人的地位與權勢，為自己牟取財富，這種誘惑一直都存在，所以貪腐生存的條件也一直都存在。

> 「在一個普遍貪腐的社會裡，自由是生存不了多久的。」
>
> 埃德蒙・伯克（Edmund Burke），1777年

　　貪腐的影響絕對要比「破壞國家內部健全」嚴重許多。在現在全球化的世界，每一個國家的命運與福祉都緊緊相連，密不可分。在全球市場，貿易夥伴與外國投資人受到一點風吹草動就會恐慌，一恐慌就會轉向別處，所以一個國家如果貪腐問題嚴重，運作缺乏透明化，或是被外界認為既貪腐又不透明化，那麼在全球市場就將注定要居於劣勢。

大事紀

1944
世界銀行成立

1993
國際透明組織成立，目的在於提升世人對貪腐問題的了解

界定問題

現在大家普遍了解貪腐問題在地方和全球所造成的傷害。雖然沒有一個國家能倖免，開發中國家對於貪腐所造成的影響的感受應該是最深刻的。這些國家的政治機構通常比較脆弱，政府的程序與保護措施也比較不健全。這種環境比較容易滋生詐騙、賄賂與勒索的文化。「打通關節」的違法賄賂，也就是各種大大小小的回扣，可能成為一種慣例，以爭取官僚的優惠待遇。日積月累下來，大量的公共資金與公共資源就落入私人口袋，導致一般人民更為貧窮，繼而群起嘲諷政治程序。基於這些原因，像世界銀行（World Bank）之類的跨國組織，以及國際透明組織（Transparency International）之類的幾個非政府組織，都是以對抗貪腐為首要目標。

這個挑戰非常的艱鉅，不只是因為問題大到幾乎無法量化（貪腐的勾當通常都是祕密進行），也是因為大家連貪腐的定義都始終無法達成共識。以前的人認為貪腐是政治體系的墮落，或是個人的罪惡（現在一般人對貪腐的印象也是如此）。說一個人貪腐，就是對他的品格與操守的負面評價。評價一個人貪腐的困難之處在於這是非常偏重價值觀的判斷，而且必須放在當時的道德與文化情境下才能理解。

要對抗貪腐問題，必須客觀（或者比較不主觀）分析從許多不同環境蒐集來的實證資料，還要進行有意義的比較。為了方便分析研究，國際透明組織採用中立的貪腐定義，也就是「濫用他人賦予的權力，牟取私利」。人民賦予權力給官員，或者官員賦予權力給人民，條件是必須運用權力為整體社會牟取利益，所以運用他人賦予的權

> 「貪腐……從內部腐蝕國家，戕害司法體系，直到正義蕩然無存，又毒害警察體系，直到警察的存在不能令人民安心，反而讓人民不安。」

歐巴馬，2006年

1999
經濟合作發展組織反行賄公約（OECD Anti-Bribery Convention）正式生效

2006
歐巴馬造訪肯亞，提及貪腐議題

隨機感染

在一般人的印象中，貪腐多半是西方以外的開發中國家的問題，這倒也沒錯，比方說撒哈拉以南的非洲的貪腐問題確實比北歐普遍得多，但是其實貪腐在任何地方都可能出現，只要具備貪腐滋生的條件，就有可能爆發貪腐問題。西方國家發生貪腐的機率較低，大致是因為防範機制較為健全。政治機構較為健全，程序較為透明，所得不平等的情況也比較輕微，所以違法的誘惑相對也比較少。貪腐在新興民主國家以及非民主政權比較有發展機會，但是任何國家都沒有自滿的空間，因為歷史已經一再地證明沒有一個國家能夠對貪腐免疫。可以確定的是西方國家必須對開發中國家的嚴重貪腐問題負起主要責任，因為很多賄賂（幾乎所有最大筆的賄賂）都是由西方企業與多國企業巨擘提供，以爭取開發中國家的大型相約、特許權以及合約。的確，直到1999年，經濟合作發展組織推出反行賄公約，要求簽署國將賄賂外國政府官員視為犯罪行為，才開啓了針對國際商業交易中賄賂行為的制裁。

力牟取私利就是違法背信。根據這個觀點，貪腐的定義就只是一種違法交易，官員給予他人優惠待遇與利益，換取某種賄賂（金錢或其他賄賂）。依照這個定義，就可以蒐集不同國家的資料，予以分析，就更能了解貪腐問題的規模與本質。

貪腐的代價

貪腐在不知不覺間滲透一個國家，造成的影響絕對不僅止於經濟層面。最能撈油水的地方就是軍隊採購，還有水壩、發電廠之類備受矚目又牽涉龐大預算的計畫，所以就算國家真正需要的是學校、醫院之類（雖然新聞價值較低）的必要基礎設施，鄉下地區也需要供電和供水，公共資金還是會流向軍隊採購與大型計畫。政治人物這種浪費又圖利自己的決策引發人民的不滿，這種不滿很快又轉變成對政治不關心，對政府不信任。在一個貪腐行為非常普遍的氛圍中，人民很快就會開始譏諷民選政治人物的動機，對於政治機構也失去信心。人民如果認定政治領袖不負責任又唯利是圖，民主機構就幾乎不可能生根萌芽，人民也很難尊重法律。

一個國家因為官員貪腐而付出的龐大代價會持續到遙遠的未來。政府體制如果被一層層的官樣文章綑綁，有時候就會有人認為固定賄賂官員可以「把事情搞定」，既快速又相對無害。有時候是這樣沒錯，但是最新研究已經證明，體制的腐敗對長期

而言還是會造成低效率。然而不耐煩的商人口中的「官樣文章」，有些可能是保護公共衛生與環境的法令與程序。規避或不遵守這些法令，就給了已開發國家可乘之機，把有毒物質和

> 「貪腐罪行的共犯往往就是我們自己漠不關心。」
>
> 1945年美國小姐，
> 紐約政治人物貝絲．邁爾森（Bess Myerson）

核廢料之類的汙染物出口到亟需收入的國家。再舉個例子，曾經有政府官員爲了一己之私，不顧公眾利益，把伐木與採礦的特許權發給行賄的企業，結果天然資源就被缺乏遠見的企業在短期之內開採一空。景觀遭到破壞，大地富饒的資源被掠奪，森林植被被砍伐殆盡。社區被迫搬遷，土壤遭到侵蝕，氣候模式也被打亂，結果就跟以往一樣，受傷害最深的還是老百姓。

一言以蔽之：國家內部腐敗的東西

43 政治正確

英國多家報紙在2006年興高采烈地刊出一篇報導，指出兩個兒童遊戲團體憂傷地穿上政治正確的約束衣。他們怕冒犯特定種族，擔心到胡思亂想的地步，把流傳已久的童謠「咩，咩，黑羊」的「黑」改成「七彩」。根據報導，他們唯恐沒有做到政治正確，還把矮胖子（Humpty Dumpty）粉身碎骨的命運予以改寫，免得兒童心靈受創。為了顧及「身材矮小者」的感受，也特地將七矮人逐出白雪公主的故事。

正如一份小報所言：「托兒所瘋狂追逐政治正確。」其實這並非實情。負責管理身陷媒體風暴中心的兩個遊戲團體的慈善團體出面解釋，說遊戲團體這樣做與政治正確無關，也並非想要避開「冒犯種族」的語言，還說遊戲團體把各種形容的字眼加進廣受歡迎的傳統童謠，是要加入動作：「牠們唱著快樂的歌、悲傷的歌，蹦蹦跳跳，上下跳跳，粉紅、藍色、黑色和白色的綿羊等等，也是鼓勵兒童多學些字彙。」不用說也知道，各家報社不會讓真相破壞一則精采的報導，更何況這也是個好機會，可以嘲笑「瘋狂左派」最新的過分行為。

好事變壞事？

政治正確**應該**是件好事。畢竟政治正確表面上的目的之一是要建立更公平的世界，匡正過去和現在的錯誤。政治正確的人認為應該容忍人與人之間的差異，也應該尊重這些差異，尤其是性別、膚色這些我們無法控制的差異。他們覺得應該把每個人視為獨立的個體，而不是憑藉刻板印象對待他人。要論斷一個人，應該要看他的功過。不能因為別人是黑人，是女人，是同性戀，身材肥胖或是殘障，就予以鄙視、輕

大事紀

1960年代

政治正確的概念首次出現在女性主義文獻

蔑或是嘲笑。政治正確也可推動社會進步。政治正確的目的是要破除一般人心中固有的態度與傳統的偏見，藉此改革社會、改善社會。謹言慎行，不冒犯他人，這就能代表我們如何看待世界，想生活在怎樣的世界。

但是實際情況是政治正確往往遭到輿論大肆抨擊，不只是被英國小報批評，砲火最猛烈的可能是保守右翼評論家，不過他們也不是孤軍作戰。很多人看到一本正經、認真嚴肅的政治正確大隊最新的荒謬舉動，都會驚訝到大搖其頭，這些舉動包括禁止慶祝聖誕節，免得冒犯非基督徒，

> 「『政治正確』這個字眼的問世是要提供一種暗諷的掩飾，掩護那些還想說Paki（貶抑字眼，指移居英國的巴基斯坦人）、spastic（指麻痺患者）還有queer（指男同性戀）的人，那些還想找異己的碴的人，那些永遠長不大的兒童遊樂場惡霸。」
>
> 英國記者波莉・托因比（Polly Toynbee），2009年

菜單上印著「耕種者午餐」，把黑市更名為平行市場，把殘障人士改稱為異能人士。很多調查結果都一再證明，絕大多數的人簡直是受夠了政治正確遊說團體的把戲。對於這些自封為治安維持會的傢伙，這些控制狂，這些盯著我們說的每一句話，指揮我們的思想和行為舉止的傢伙，社會大眾的笑聲往往變成真正的反感，甚至憤怒。

社會對於所有貼上「政治正確」標籤的事物是一面倒反彈，現在說人家「政治正確」幾乎都是批評的意思，不是讚美。反過來說，「政治不正確」通常是一種榮譽徽章，表示這個人不受傳統約束，敢說敢言，面對思想警察的暴政也敢挺身而出，捍衛常識。政治正確提倡者的目標顯然是要讓世界更公平，減少無端的冒犯，怎麼反而常常被取笑辱罵？

1978
最高法院的判決暗示平權行動並不違憲

1980年代起
美國「文化戰爭」開打，所謂文化戰爭，就是「定義美國之爭」

政治正確：一段身材矮小的歷史

「政治正確」這個字眼如今出現在各種情境，比較常出現在報紙標題和日常對話，比較不常出現在較爲精細的辯論。不過這個字眼其實很晚才開始流通，在問世之初的二十年，通常只出現在激進女性主義的文獻裡，後來在1980年代中期，「政治正確」成爲美國「文化戰爭」的主角，大爲盛行，也成就了惡劣的名聲。「文化戰爭」是過分簡化的名稱，指的是自由左派與保守右派之間純粹的意識型態之爭，爭論的焦點是美國大學創新的教學方法和新課程，至少一開始是爭論這個。

文化戰爭的背景是一種新興的自由派對西方文明的批判，將西方文明的歷史（有些女性主義者覺得歷史的英文應該是herstory，不是history）形容成一群「死白人男性」統治又鎮壓其他族群（女性、非白人），不讓其他族群在政治、文化議題上發聲。根據自由派的觀點，要對抗這種壓迫，最有效的辦法就是「平權行動」（affirmative action）。他們認爲光是消除以往造成不公義的原因還不夠，還要積極提升女性、少數種族以及其他傳統弱勢族群的地位，匡正以往的不公義。這個政策應用在大學入學機制，就是設置一個配額制度，保留一定比例的入學名額給黑人學生以及其他少數族群學生。同樣的道理，大學課程也經過調整，反映多元文化的觀點，提倡非西方傳統與文化。西方文明課程的地位被貶低，西方文學的偉大經典則被束諸高閣，由近代女性、黑人及其他少數種族的文學作品取而代之。

語言戰場

最激烈的政治正確戰役有些是在語言的戰場上開打，也就是爭論我們能說什麼，又該如何說。也是在語言的戰場上，最能看出政治正確運動的長處與短處。我們一方面看到美國一位電視台記者千方百計想要形容非洲黑人曼德拉（Nelson Mandela）是黑人，又要避開「黑」字眼，到最後稱呼他爲「非裔美國人」這種荒謬到極點的行爲。有人建議把歷史的英文history改成herstory，把女人的英文women改成womyn，這是蓄意挑釁（也違反詞源學）。還有人建議用「大腦障礙」取代「愚笨」，用「無薪」取代「失業」，這不僅愚蠢，真正運用起來也會顯得口是心非。另外一方面，很多政治正確的用法也很合理，只有極端保守又難搞的人才會反對。他（極端保守又難搞的人多半是男性的「他」）就算認爲男人不該當空服員，也會覺得將男性空服員稱爲「空姐」很奇怪。

可想而知這種激進的改革遭到右派的強烈反彈，主要是因為這項改革似乎凌駕了平等機會的原則（也就是美國政治制度的基石）。右派攻擊這項改革，保守派反對者也故意利用「政治正確」這個字眼來諷刺並攻擊當初創造這個字眼的人。右派攻擊的一個目標就是政治正確遊說團體那充滿歉意的世界觀。政治正確遊說團體顯然深受後殖民的罪惡感和自我厭惡的情結所苦，因此擁抱其他文化，厭棄自己的文化。不過右派主要攻擊的還是政治正確遊說團體的虛偽作風，也就是表面上呼籲寬容，自己卻並不寬容。政治正確激進派急著要推翻傳統態度與習俗，似乎不了解（或是不在乎）他們要做的其實是推翻舊的信仰制度，用他們嚴苛的新正統觀念取而代之。他們太過固執己見，堅持只有一種「正確」的觀點，這種態度被反對者斥為「自由法西斯主義」，就是一種毫無彈性又偏狹的態度，既自以為是，遇到他人有不同意見又隨便譴責。

好的理想，失落的理想

一個原本多半只侷限在學術界的運動，很快在美國和其他地方擴散開來，不久之後就在各式各樣的議題中提出自由派的立場，這些議題包括環境保護主義（environmentalism）、動物權利（animal rights）、餵母乳的重要性，以及運動競賽的危險。提倡政治正確的人選擇這些議題，有時候又大肆嚷嚷地提出這些議題，難免會讓人覺得他們的行為是正中對手下懷。他們時而天真，時而挑釁，時常為沒有道理的觀點辯護，有時連中立的旁觀者都覺得沒有道理，他們卻仍要辯護。諷刺的是在許多胡鬧與雜音之中，還是有很多很有道理的觀點，也真的迫切需要有人辯護，但是政治的仇恨與裝模作樣常常掩蓋了這一點。

一言以蔽之：自由法西斯主義？

05
Part

世界的舞台

44 現實主義

> 「我們（雅典人）接受他人奉上的帝國，不肯再拱手讓人，完全合乎常理，也不違反人性。我們如此行事，是出於三個最強大的動機，也就是榮譽、恐懼與本身利益。我們也不是第一個如此行事的人，向來都是弱者向強者低頭。我們自認配得上我們的帝國，你們斯巴達人原本也是這麼想，只是後來你們想到自身的利益，就開始說起誰對誰錯。談論正義從來就無法讓人打消用武力盡量掠奪的念頭。」

這段話是從一段演說摘錄而來，據說是雅典使節在西元前432年，伯羅奔尼撒戰爭（Peloponnesian War）開打之前不久所發表的。當時斯巴達人是雅典人的主要對手，想要抵抗雅典不斷擴張的版圖以及侵略的帝國主義，這位雅典使節想勸退斯巴達人，就發表了這場演說。演說是由希臘史學家修昔底德（Thucydides）在兩千四百多年前撰寫，帶著世故與挖苦的語氣，內容是徹頭徹尾的務實又毫不妥協。對雅典人而言，不同民族之間的政治互動說到底就是爭奪權力，之所以開啟這場戰爭，主要是因為擔心自身的安全和利益。他們沒有時間良心不安，因為到最後所有人都認為強權就是公理，為爭奪統治權而戰鬥是人性本能，任何人遇到相同的機會，也會跟他們一樣選擇侵略。

修昔底德筆下的雅典人說的是現實政治，也就是政治現實主義的語言。政治現實主義很少考慮到道德與意識型態，而且絕對不會讓正義、理想與情感影響到自身利益的考量。修昔底德直截了當地提出政治現實主義的核心思想，也就是安全考量與爭

大事紀

西元前5世紀	1532
修昔底德在著作《伯羅奔尼撒戰爭史》（History of the Peloponnesian War）表達現實主義的態度	馬基維利的著作《君主論》提出古典現實主義的「強權政治」（power politics）觀點

奪權力，所以就有人將他稱爲政治現實主義之父。政治現實主義是國際關係的一種觀點，在二十世紀中期開始盛行，至今仍然十分盛行。

樂觀主義的失敗

現實主義之所以能在近代崛起，成爲一種國際關係理論，主要是因爲世人發覺前一個盛行的主義以失敗收場。在第一次和第二次世界大戰之間的這段時間，全球政治的主流觀點是理想主義（idealism）。理想主義的基礎是一種烏托邦的信念，認爲各國的利益基本上是一致的。理想主義的基本主張是藉由建立有效的國際法律與國際組織，避免戰爭以及其他形式的不當運用權力。然而國際聯盟（League of Nations）的瓦解，加上希特勒（Hitler）等法西斯領袖赤裸裸的侵略，又寡廉鮮恥地藐視國際法律，這些事情都殘酷地揭露了理想主義的錯誤。1938年慕尼黑協定（Munich Agreement）所代表的姑息政策的失敗，導致全球政治興起一種較爲務實的觀點。慕尼黑協定以失敗告終，讓世人看清全球舞台上演員的眞面目並不像腦袋不清楚的夢想家所希望的那樣美好。時機已經成熟，國際關係的現實主義的新時代即將展開。

在第二次世界大戰期間以及第二次世界大戰之後崛起的政治現實主義者後來又

讓人懼怕比讓人愛戴要來得安全

歷史上最著名的現實主義者是佛羅倫斯政治理論家馬基維利（Niccolò Machiavelli）。他在1532年的著作《君主論》（The Prince）建議統治者與其讓人愛戴，還不如讓人懼怕，而且要拋開傳統道德，才能有效運用權力。這段話成為他的名言。馬基維利和二十世紀的現實主義者一樣，針對當代的理想主義提出強而有力的反駁：

我想寫一個作品，對於看得懂的人能有用處。我認為研究真正的事情，會比研究想像的事情更為恰當，因為很多人想像中的共和國與公國從未出現過。一個人實際的生活與理想的生活之間存在著很大的落差，所以一個只有理想，卻忽略現實的人很快就會遭到淘汰，無法生存下去。

1938
英國與法國簽署慕尼黑協定，對納粹採取姑息政策，象徵理想主義的失敗

1939
愛德華・霍列特・卡爾在著作《1919年至1939年的二十年危機》中首度闡述現實主義觀點

1979
肯尼斯・沃爾茲在著作《國際政治理論》（Theory of International Politics）提出新現實主義思想

「理想國和現實是……政治學的兩面。唯有兩者兼備，才會有健全的政治思想和健全的政治生命。」

愛德華・霍列特・卡爾（E. H. Carr），

《二十年危機》（*The 20 Years' Crisis*），1939年

稱爲古典現實主義者。以他們的思想成形的環境來看，可想而知他們對於國際關係的本質與表現的看法較爲悲觀。根據他們的分析，政治家的首要考量就是自身利益。自身利益最基本的定義就是國家的生存與維持，一旦國家能生存，能維持下來，也許就能統治或控制其他國家。要達成這些目的，就要運用權力，所以「爭奪權力」才會成爲所有政治活動的原動力。「爭奪權力」廣義來說，就是想要將一國的能耐發揮到極限。

國家權力是相關的（國家對他人行使權力），也是相對的（會與其他國家的權力比較），所以早期的現實主義者認爲一個國家要想擴張權力，就只能犧牲其他國家。全球的互動總會有贏家和輸家。套用後來問世的賽局理論（game theory）的話來形容，各國之間是一種零和遊戲（zero-sum game），一個國家獲益，另一個國家就一定有損失。按照這個道理，要滿足國家利益（也就是贏得更大的權力），就永遠必須與其他國家競爭和衝突。古典現實主義者認爲權力爭奪是人類生活不可或缺的一部分（人性或多或少是永遠不變，而且難免會以權力爭奪的形式展露出來），所以覺得未來也不太可能會有任何改變或改進。對於現實主義者來說，衝突與戰爭是無可避免的，重點是要分析情勢，研究如何透過外交與戰略結盟，盡量調節或減少衝突與戰爭。

新現實主義

在二次世界大戰之後的幾十年，現實主義崛起成爲國際關係學說的主流思想，尤其是在冷戰中，兩大超級強國在全球舞台上互相較量，現實主義就成爲分析威脅和制定政策的主要工具。在一個生活在核子戰爭威脅下的兩極化世界中，現實主義的世界觀非常的清楚與明確，而且絕對以安全爲首要考量，因此很有市場價值。然而從1960年代起，高雅又簡明的現實主義開始被人批評爲過度簡化，逐漸有人增添了更多概念的定義，讓理論更爲複雜。

新現實主義（Neorealism）有許多觀點和古典現實主義雷同。新現實主義的核心觀點就是個別國家的行為主要都是為了競爭，要想了解這種行為，最好是觀察這些國家之間的權力分配。新現實主義也跟古典現實主義一樣以主權國家為重心，認為主權國家是行為連貫的個體，以理性的行為追求自身利益。新現實主義思想發展出一個非常盛行的重要觀點，就是發生在國際體系中心的衝突是由體系本身的結構所造成，而非像古典現實主義者所言，是由永遠不變的人性所造成。國際體系由主權國家組成，這些主權國家的地位都是平等的，所以也不會承認任何高於他們自己國家的權力，因此國際體系是「無政府」，缺乏一個最高的權力來執行法律、執行主權國家之間的協定。在這樣的國際體系中，每個國家都必須奉行「自助」原則，也就是說與其他國家打交道時，不能仰賴對方的善意，而是必須利用本身的資源，保護自己的利益。

複雜的互相依賴關係

不管是新現實主義還是「結構」現實主義，至今仍然是國際關係學說的一個頗具影響力的觀點，這也是因為現實主義提供了大量建設性的評論。在批評者眼中，現實主義的迷人之處，尤其是簡單明瞭的特點，就是現實主義的缺點。批評者認為最大的缺點在於現實主義的世界觀以國家為中心，無法掌握（也可以說從來沒掌握過）現今全球關係的複雜程度與相互關聯程度。全球化的力量（在經濟以及其他領域）、跨國行動者與非國家行動者（例如多國企業、國際組織、恐怖組織等等）的影響、國家權力的衰敗與分裂、複雜威脅（恐怖主義威脅、環境威脅）的激增、傳統軍隊的角色式微，這些因素都讓現實主義顯得過時，甚至更糟。現實主義堅稱衝突是國際體系不可或缺的機制，因此也被批評者大肆抨擊為缺乏道德立場。對於這些批評，向來防範烏托邦主義的現實主義者大概會給出五十幾年前類似的答覆：要看現在的真實世界，而不是我們理想中的世界。

> 「政治現實主義始終堅稱，政治的本質基本上是由權力的爭奪而定。」
>
> 約翰‧赫茲（John Herz），《政治現實主義與政治理想主義》（*Political Realism and Political Idealism*），1951年

一言以蔽之：爭權奪力

45 戰爭

「人的心中有一種想要消滅、殺戮、謀殺的衝動與狂熱，除非全體人類澈底改變，否則戰爭將會展開，人類所建立的一切都會被毀滅，都會面目全非，然後人類就必須從頭來過。」十四歲的猶太裔德國人安妮·法蘭克（Anne Frank）在1944年5月寫下這段文字，表達出許多人心中共有的絕望。在所有生物當中，只有人類似乎是一心一意要消滅同類，殺光同類。在任何時代，戰爭都不會在一個地方缺席太久，所以我們不由得認同年輕的日記作者的話，戰爭的確是人性當中根深柢固、始終存在的特色。

對於「戰爭是否會永遠存在」的問題，普魯士軍事理論家卡爾·馮·克勞塞維茨（Karl von Clausewitz）很快做出回應。他說：「戰爭是政治藉由其他手段的延續。」只要人類仍然是個渴望土地以及其他資源的政治動物，「哪一群人住在哪裡」、「哪一群人叫別人做什麼」之類的爭端就永不停息。這些爭端往往無法用其他和平手段解決，最終難免走向暴力衝突一途。相較之下，儘管歷史經驗證明戰爭始終存在，還是有人堅信一個沒有戰爭的未來有可能實現。他們相信戰爭可以轉為某種文化之爭，也就是社會習俗互相衝突的結果，而這些社會習俗原則上可以改革，也可以廢除。

打值得打的仗

戰爭到底是不是人類的天性可能見仁見智，但是絕大多數人都會同意有些糾紛真的比較糟糕，而且並不是所有的暴力都一樣糟糕。維多利亞時代的哲學家約翰·斯

大事紀

西元前第4世紀	西元第5世紀	13世紀
孫子撰寫《孫子兵法》，這是世界上第一本軍事理論書籍	聖奧古斯丁提出基督教正義之戰的教義	神學家湯瑪斯·阿奎那將正義之戰的原則加以改良

圖爾特‧密爾（John Stuart Mill）寫道：「戰爭是醜陋的，卻並不是最醜陋的。道德與愛國之心的腐敗與淪喪，認爲沒有任何事情**值得**一戰，這種心態比戰爭糟糕多了。」密爾是以人道精神聞名，卻也認爲如果值得一戰就該一戰。有時候戰爭的動機太強大，目標太重要，就算訴諸武力也並不違反道德。在這種特殊情況，戰爭可能是兩害相權取其輕的結果，這樣的戰爭是正義戰爭。

> 「天底下從來就沒有『好的戰爭』這回事，也沒有『不好的和平』這回事。」
>
> 班傑明‧富蘭克林（Benjamin Franklin），1783年

　　「正義戰爭」的觀念源自聖奧古斯丁（St Augustine）。他在西元第五世紀努力讓早期基督教教會的和平主義（pacifism）與帝國統治的殘酷現實和平共存。聖奧古斯丁的思想由神學家湯瑪斯‧阿奎那（Thomas Aquinas）在十三世紀發揚光大。阿奎那將jus ad bellum（「爲正義而戰」，也就是說就道德而言應該開戰）與jus in bello（「戰爭的正義」，也就是開戰之後的行爲準則）區分開來，這個區別如今成爲標準定義。現在關於戰爭的道德爭論，很多都是圍繞這兩個觀點。

不適當的行為

　　正義之戰也有可能變得不正義，不正義之戰也有可能變得正義。換句話說，以正當理由開戰是一回事，一旦戰爭開打，行爲能不能符合道德原則又是另外一回事。第二個層面（用常用的術語來說就是「戰爭的正義」）涵蓋相當多的議題，例如使用特殊武器（核子武器、化學武器、地雷、散彈等等），還有個別軍人對待敵人以及對待平民的行爲。重點是達成目標所採用的手段必須符合比例原則，比方說多數人會認爲沒有一場戰爭會重到需要動用核子武器。另一個重點是一定要把戰鬥人員與非戰鬥人員區分開來。一般人認爲就算攻擊平民是很有效的軍事策略，也還是不道德。第二次世界大戰期間，軸心國與同盟國的轟炸機空襲幾個城市，就經常成為世人口中不分青紅皂白，不當攻擊的例子。

1832

克勞塞維茨極具影響力的作品《戰爭論》（On War）出版

1862

約翰‧斯圖爾特‧密爾受到美國南北戰爭的影響，盛讚「正義之戰」的觀念

兩害相權取其輕……

　　大部分的專家都認為要具備開戰的正當理由，必須滿足許多條件。最重要的是必須要有「正義的動機」，在早期所謂的正義的動機就是宗教，不過現在拿宗教當理由通常會被斥為意識型態作祟，至少在世俗的西方國家是如此，而且現代理論家通常認為只有抵禦侵略才算正義的動機。一個國家在基本權利遭到侵犯時（政治主權與領土完整遭到侵犯）的自衛行動當然也算正義的動機。大部分的人也認為對基本權利受到侵犯的國家出手相助，也算是正義的動機。但是光有正義的動機是不夠的，還要有「正確的意圖」才行。任何行動背後唯一的動機，都必須是匡正原始的侵略行為所造成的錯誤。開戰的一方所宣稱的正義動機，不應該是掩飾某種別有用心的動機（如國家利益、擴張領土）的藉口。

> 「任何人只要凝視過戰場上垂死軍人呆滯的眼神，在決定發動戰爭之前都會慎重考慮。」
>
> 俾斯麥（Otto von Bismarck），1867年

　　還有一個條件是只有「合適的權威」才有資格發動戰爭。在人類歷史中，情況多半正如詩人約翰·德萊頓（John Dryden）在十七世紀末所言：「戰爭是國王的行當。」然而距離他說出此話不到一百年，法國大革命爆發，從此主權國家的任何一個

主權國家的消毒劑

　　戰爭從來不缺乏熱情的支持者，他們毫不遲疑盛讚戰爭能鼓舞人心，讓人變得高尚。普魯士軍事史學家伯恩哈迪（Friedrich von Bernhardi）在1911年，也就是「終結所有戰爭的戰爭」爆發前三年，滿懷熱情地寫下「戰爭是無可避免，是理想主義，也是一種福氣」。英格蘭詩人與批評家艾德蒙·戈斯（Edmund Gosse）在那場慘烈的「終結所有戰爭的戰爭」爆發時寫了一篇文章，盛讚戰爭是「主權國家的消毒劑」，又寫道：「血色紅河……溪清了知識分子停滯的水坑和凝結的溝渠」。法西斯主義者也歌頌戰爭，這倒比較不令人驚訝。像墨索里尼（Mussolini）就垂涎「在勇於戰鬥的民族身上打上高尚的印記」的戰爭。可想而知往往是像艾森豪（Eisenhower）這樣身經百戰的老兵才能了解戰爭的真面目。他說：「我厭惡戰爭。只有一個親身經歷過戰爭的軍人，親自領略過戰爭的殘忍、無益與愚蠢的人，才能像我這樣厭惡戰爭。」或者亦如荷蘭人文主義者伊拉斯謨（Erasmus）所言：「沒有經歷過戰爭的人才會喜歡戰爭。」

機關，任何一個機構都有權宣戰。「合適的權威」的概念當然會引發一些棘手的問題，比方說合法政府的問題，還有決策者與人民之間的關係應該怎樣才算合宜。舉個例子，多數人都會認同1930年代德國的納粹政治領袖不僅沒有正義的動機，也沒有基本的合法性，所以完全沒有資格宣戰。

……不得已而為之

一個國家除非有相當的把握能得勝，否則不應貿然開戰，就算是正義之戰也一樣。因為一般而言，

絮絮叨叨還是打打殺殺？

很多政治理論家都大致相信「正義戰爭」理論，不過這並不是唯一的觀點。另外還有兩個重要的思想，一是現實主義，二是和平主義。現實主義者認為道德概念不見得能運用在戰爭上。對他們來說，戰爭是全球舞台上獨立自治的國家互動的正常結果，主要的考量是國際影響、國家安全與自身利益。相較之下，和平主義者堅信國際事務一定要講究道德原則，他們認為軍事行動絕對不是正確的解決之道，一定還有更好的解決方法。正如邱吉爾（Winston Churchill）在1954年所言：「絮絮叨叨總比打打殺殺好。」

平白犧牲生命、耗費資源是沒有意義的。不過也有人認為抵抗侵略是正確的（當然不會是錯誤），就算抵抗不了也還是要抵抗。另外還要遵守比例原則，必須在「理想的目標」與「可能要付出的代價」之間取得平衡。要把預期達成的結果（匡正掀起正義之戰的錯誤），和可能造成的傷害（傷亡、人類的苦難）做比較。

「不戰而屈人之兵，善之善者也。」這是中國將軍，世界第一位軍事理論大師孫子所說的話。軍事行動必須是不得已而為之，除非其他和平的非軍事手段都失敗，否則不應該貿然地發動戰爭。正如英國政治人物東尼·班恩（Tony Benn）所言：「所有的戰爭或多或少都代表外交失敗。」

一言以蔽之：
透過其他手段進行政治運作

46 民族主義

> 「國家並不是疆域而已,疆域只是國家的根本。國家是建立在疆域之上的概念,是愛國的情操,是同胞情誼將疆域的子民連結在一起。」義大利政治人物朱塞佩‧馬志尼(Giuseppe Mazzini)在1860年寫下這段文字,描述驅使他成為義大利統一的創造者的愛國主義,也就是對國家的愛。

很少人會質疑馬志尼的愛國之心是否誠懇。在危機時刻,愛國主義可以是人民英勇犧牲,捨身抵抗壓迫的原動力。在比較平靜的時候,人民心中對祖國的愛也可以激發深沉且持久的社會凝聚力。可是極度重視自己的國家,往往就會輕視別人的國家。愛國主義有個近親叫做民族主義,民族主義往往要求一個人對自己的國家狂熱奉獻,排斥他人,也容易養成自認為比他人優越的心態。民族主義重視的民族性(national character)也許就像德國哲學家叔本華(Arthur Schopenhauer)在1851年所言,「只是人類在每一個國家所展現的心胸狹隘、乖僻與卑劣的另一個名稱而已」。愛因斯坦(Einstein)認為民族主義是一種「幼稚的疾病……人類的麻疹」。民族主義是掀起二十世紀兩場世界大戰的主因,也與近來遠至盧安達、巴爾幹半島諸國所發生的慘絕人寰的暴力與詭異的「種族淨化」息息相關。的確,民族主義在過去兩百年來掀起巨大的激情與憤怒,是這段期間禍及全球的悲慘衝突事件的罪魁禍首。

為國家地位而奮鬥

民族主義不是只有愛國而已。所謂愛國就是對國家的成功感到自豪,關心國家的福祉,這是愛國主義的基礎。民族主義比單純的愛國情緒更專注,也更理性,往往具

大事紀

1775~1783	1789~1799	約1870
美國革命(American Revolution)建立了美國,也啟發了自由民族主義	法國大革命爆發,為「自由、平等、博愛」奮鬥	義大利的民族主義者經過五十年的努力,終於建立國家

> 「愛國主義是一種熱切的集體責任感，民族主義就像一隻蠢公雞，站在自己的糞堆上啼叫。」

英格蘭小說家與詩人理查‧奧丁頓（Richard Aldington），1931年

有政治與意識型態的成分，將愛國情緒與主動追求改變或認同的計畫互相結合。一般來說，這種民族主義行動計畫的核心目標就是要爭取國家地位。一個社會的成員基於某些理由，相信他們構成一個「國家」，就主動爭取帶有獨立與主權意味的新地位。這個主要的目標一旦達成，民族主義接下來的目的就是提升國家福祉，捍衛當初培養出國家認同與生命共同體意識的那些價值與特性。民族主義者認為為了追求這些目標，他們努力的目的（也就是已經實現或正在追求的民族國家地位）應該是人民第一效忠的對象，人民也應該以民族國家的利益為優先。

國家的特質

民族主義者在國家打造希望與夢想，那國家到底是什麼呢？國家要能長期生存，當然要有一個獲得承認的疆域，還要有牢不可破的邊界，不過每個民族主義者都會認同馬志尼的話，那就是光有領土並不能構成一個國家。詩人柯勒律治（Samuel Taylor Coleridge）1830年的作品《桌邊談話》（*Table Talk*）的一段文字很接近國家真正的定義：「我第一個就不會把我腳下的草地稱做我的國家。對語言的認同，對宗教的認同，對政府的認同，對民族的認同，是這些把眾人連結起來，成為一個國家。」

可是就算這樣也還不夠。民族主義者的一大特色就是認為自己的國家獨一無二（所以也會認為自己的國家比其他國家優越），有一種獨特的特性或身分，也就是愛默生（Emerson）所稱的「國家的特質，從國民的人數是看不出來的。」共同的血統

1871	**1922～1945**	**1991～2001**	**1994**
德國在俾斯麥（Bismarck）的領導之下，建立民族國家	歐洲的法西斯獨裁者追求極端民族主義的政策	民族主義掀起的仇恨在巴爾幹半島諸國引發戰爭	盧安達爆發民族主義掀起的種族屠殺

發明在過去

現在民族主義和民族自決（national self-determination）在多數人眼中都是合法的政治理念。之所以合法，原因之一是一般人認為國家是歷史悠久的政治組織單位。民族主義者也喜歡說國家的歷史與文化源自不可考的遠古年代，大大助長了這種觀念。然而民族國家其實是現代產物，所謂的歷史悠久、從未間斷多半是「回溯民族主義」虛構出來的。這並不表示從古到今的人對自己的出生地，還有祖先傳下來的傳統習俗都不見得有歸屬感。但是在從前那個時代，忠誠的形式與現在不同。以前的人第一效忠的對象並不是國家本身，通常是握有神授君權的君主。君主之下是一個按照地區劃分的複雜階級制度，老百姓效忠的對象是各地的封建領主或貴族菁英。而所有其他觀念的基本觀點就是每一個人都屬於一個至高無上的宗教群體，這個宗教群體最終的目標就是要將全體人類納入其中。後來美國與法國爆發革命，在動亂當中，這些古老的關係開始鬆脫，世俗化、人民主權（popular sovereignty）、人權觀念、科學革命和工業化這些現代的力量才得以塑造民族國家。民族國家激發了民族主義的熱情，從民族國家成立開始，這股熱情就長相左右，無論如何都不會分離。

和種族、共同的語言，共有的神話與回憶、傳統價值與習俗，這些歷史、地理、文化因素一部分或是全部相加，暗中形成一個比這些因素還要重大的結果：獨特又特別的民族性。感受民族性要靠感覺而非知覺，要靠直覺而非理智。正如馬克·吐溫（Mark Twain）在1906年所寫：「國家不會思考，只會感受，是透過自己的性格間接得到感受，而不是透過大腦得到感受。」

照理說很難反駁「民族性」這種神祕特質的存在（不過想要證明民族性的確存在的人應該負責舉證），不過有些人主張國家是某種單一民族且享有權利的社會，這些人經常引用的理由絕對是大有問題。凝聚國家的「凝聚力」通常是種族淵源，種族淵源有各種歷史、文化等因素支撐。然而現實情況是不同種族幾千年來都互相混合，如今一個國家的人口不管是多是少，都不會只涵蓋一個種族。就算真有單一種族構成的國家，研究結果也顯示種族淵源對社會凝聚與融合的作用，遠不如共同語言、宗教等因素。

自由民族主義 vs. 獨裁民族主義

　　民族主義之所以能成為現代政治現象，與民族國家的誕生息息相關。而民族主義的抱負就是圍繞著民族國家形成（見一百一十頁）。民族主義呈現出來的形式非常多變，反映了截然不同的時空環境，不過在民族主義發展之初，就出現兩種截然不同的民族主義，一種自由且進步，另外一種則是獨裁且落後。

　　美國的開國元勛都是愛國人士，不過他們的民族主義觀點卻是自由又有遠見。他們的世界觀是以理性為基礎，認為自己是為全體人類開闢一條道路，往更大的自由與平等前進。新美國的願景在僅僅幾年之後直接啟發了法國革命分子的民族主義。法國革命分子著名的口號「自由，平等，博愛」表達出他們共同的願望。美國與法國這兩個新國家的建立，都是人民自動自發的自決行為。

　　可能是受到法國革命分子的暴行，還有後來拿破崙（Napoleon Bonaparte）大肆掠奪的影響，在十九世紀前半興起的德國民族主義採取截然不同的主張。德國民族主義較為浪漫，只關心國內的事情，偏好天性勝於理智、傳統勝於進步、權力勝於自由。這種民族主義反對普世主義（universalism），也反對「國家之間的友誼」的概念，完全只關心自身事務，而且排外，編織了一段重視差異與優越的民族歷史。這種民族觀念以及這種觀念啟發的民族主義，也被二十世紀的法西斯獨裁者所利用。

一言以蔽之：
幼稚的疾病所造成的危險

47 帝國主義

帝國主義是個比較新的字眼，但是帝國主義的現象幾乎是從古到今始終存在。打從遠古時代，組成強大的政治團體的一群人會想控制力量較弱的政治團體，通常是藉由武力控制，還會想剝削力量較弱的政治團體的土地、勞力等資源。

接連出現的古代美索不達米亞和地中海流域文明，造就了一連串的帝國統治，從巴比倫帝國與亞述帝國，到居魯士大帝（Cyrus the Great）的波斯帝國、雅典人的海上帝國，還有亞歷山大大帝（Alexander the Great）浩瀚的馬其頓帝國。帝國的崛起、衰敗都是宿命，這些偉大帝國的殘存勢力過了一段時間之後就被另一個帝國所取代，這個帝國很快就成為有史以來版圖最大、存在最久的帝國，也就是疆域遼闊的羅馬帝國。羅馬帝國在全盛時期，版圖從英國一路延伸到北非和中東。「帝國」（empire）與「帝國主義」（imperialism）的英文字都是源自拉丁文imperium，倒也十分恰當。Imperium基本的意思是「指揮權」或是「權力」，是平民文官的權力，或是軍事指揮官的權力。這個字也突顯帝國的精髓：權力。

「帝國主義」這個字眼在十九世紀中期首度出現，原本的意思只是一個由皇帝領導的政府體系，有時候也帶有負面的含義，意思是說這樣的政府獨裁專制。然而過了不久之後，「帝國主義」在大英帝國全盛時期的那些年有了比較正面的含義，成為一種通常藉由武力與殖民，以擴張一個國家的權力與影響力的政策，還有提倡這種政策的態度。現在「帝國主義」幾乎都是這個含義，然而一百年來爆發了兩次世界大戰，以及（最初由）共產主義者掀起的許多惡言謾罵，完全改變了「帝國主義」隱含的意

大事紀

西元前6世紀中期	西元前478～404	約西元前336～323	西元前3世紀
居魯士大帝在中東建立波斯帝國	希臘城邦為對抗波斯組成聯盟，後來成為雅典人的帝國	馬其頓的亞歷山大大帝打下了龐大的帝國，版圖一路延伸到印度	羅馬帝國興起，勢力範圍擴張到義大利之外

> 「帝國主義，明智的帝國主義，跟我所形容的萬用帝國主義有所不同，明智的帝國主義說穿了就是更大的愛國主義而已。」

英國自由黨政治人物羅斯伯里爵士（Lord Rosebery），1899年

義。到了二十一世紀，帝國主義追求的目標在一般人眼中幾乎毫無例外，都是邪惡的目標。

強權就是公理

強權向來都是帝國的必備條件，直到最近的一百年，征服者或被征服者才開始認真質疑一個國家有沒有資格將強權運用到極限。希臘史學家修昔底德（Thucydides）的著作《伯羅奔尼撒戰爭史》（*History of the Peloponnesian War*）明確表達出「強權就是公理」的概念，也就是說強者有權征服弱者。他在書中寫到雅典代表團在西元前432年對斯巴達議會發表演說，希望能避免戰爭，也堅稱雅典對其他希臘城邦的帝國統治具有正當性，因為雅典人做的只是換做任何人都會做的事：「向來都是弱者向強者低頭。」他們也說此事與正義無關，而且正義「從來就無法讓人打消用武力盡量掠奪的念頭」。只有政治算計與權力才算數。

需求與機會一致

居於帝國中心的權力是一種不平等的權力，開啟了一個國家剝削另一個國家的機會。從古到今，一個國家在戰爭的武器或技術上取得特別的優勢，就經常出現這種不平等。舉例來說，改良的馬鐙問世之後，蒙古人在馬背上拉弓就更便利了。蒙古人之所以能打下遼闊的帝國，版圖從中國的太平洋海岸一路延伸到黑海海岸，改良的馬鐙居功厥偉。同樣的道理，火藥的問世，還有後來出現的自動裝彈的步槍與機關槍，都讓歐洲人得以在亞洲、非洲與美洲打下廣大的帝國。

13世紀	15～19世紀	1920年代～1945	2001
蒙古人在歐亞大陸打下廣大的帝國	歐洲人在美洲、印度等地殖民	法西斯獨裁者開啟了「侵略帝國主義」（aggressive imperialism）的新階段	反恐戰爭開啟了美國帝國主義的新階段

　　在機會與需求一致的時候，擁有足夠權力的社會可能就想擴張版圖，奪取其他國家的資源。有時候之所以想奪取資源，是因為饑荒、乾旱之類突如其來的事件，也有可能是因為逐漸發展的因素，例如人口逐漸增加，需要更多的土地以供居住和耕種。奪取其他國家的資源往往也是出於經濟動機，也就是想控制外國商品或有價值的商品（礦物、香料、毒品），想要收取稅金和進貢，想要得到廉價勞工或奴工，或者想要贏得並控制市場，以便銷售國內產品。帝國主義者追求的目標往往很複雜，有時候征服的榮耀就是一種動機，一個政權征服其他國家也許可以贏得人民支持，或者轉移人民對國內議題的關注。

白人的負擔

　　在現代時期，強國最積極也是最肆無忌憚地打造帝國的階段，就是在1914年第一次世界大戰爆發前五十年的所謂「新帝國主義」階段。列強大肆瓜分土地，到了1914年，全球大約五分之四的陸地已經落入一群殖民大國的統治，其中最驚人的例子就是列強發瘋似的「瓜分非洲」（scramble for Africa）。瓜分土地最積極的幾個國家包括英國、德國、法國與其他歐洲強國，後來又加上日本和美國。

　　打從一開始，新帝國主義就端出必勝與恩賜的態度。這種態度主要是來自「教化任務」的迷思，也就是西方國家自認為應該負起英國政治家巴麥尊爵士（Lord Palmerston）用傲慢的口吻形容的責任：「不是奴役他們，而是放他們自由。」新帝

美國帝國

　　帝國主義絕對沒有死亡，只是發展出許多不同的途徑而已，至少美國的敵人是這麼想的。美國在1970年代的越戰鎩羽而歸，經過這場磨練，連續幾屆的美國政府開始研究使用各種比較不正式的方法，維持美國在全球各地的影響力。其中最有效的辦法就是美國強大的經濟所發揮的巨大力量，讓美國首府的政策制定者得以利用美國的投資與借款這兩個「超大蘿蔔」為誘餌，散布自由（還有自由貿易）與民主（還有反共產主義）的信息。美國滲透全球各地的經濟與文化，全球各地紛紛湧現的招牌和廣告牌就是明證，這些都要拜麥當勞兄弟和可口可樂公司所賜。不過美國也逐漸重建對軍事手段的信心，在2001年9月的九一一恐怖攻擊事件之後，美國針對阿富汗與伊拉克掀起反恐戰爭，終於展現出美國帝國的威力。

國主義認為自己是把文明與文化賜給被征服的民族，而不是強迫對方接受。很多英國政治菁英與知識分子菁英也抱持相同看法。魯德亞德・吉卜林（Rudyard Kipling）在1899年寫了一首題為「白人的負擔」（The White Man's Burden）的詩，用極為高傲的態度提出所謂的「帝國的優點」，呼籲讀者接受上帝賦予的帝國使命。

再也不是優點

新帝國主義自鳴得意的自信在第一次世界大戰期間遭到痛擊，在大戰結束後又馬上遭到共產主義言論的大肆抨擊。列寧（Lenin）在1917年撰寫一本小冊子，巧妙地提出馬克思主義對帝國主義的詮釋，主張帝國主義是資本主義終究會來到的「最高階段」，也就是工業化的資本主義國家受到國內獲利衰退的影響，不得不尋求新的海外市場，拋售過剩的生產的危機時刻。列寧認為如此一來就只有革命才能戰勝帝國主義。共產主義對帝國主義的評論成為後來幾十年的基調，蘇聯的宣傳經常濫用「帝國主義者」這個字眼，幾乎變成「資本主義者」的同義詞。

這並不表示帝國主義在1918年之後的那些年就沒有支持者。說真的，希特勒與墨索里尼是帝國主義最積極，最明言的支持者。對他們來說，帝國統治是自然秩序的一部分，強者戰勝弱者是人類的宿命。但是這些法西斯領袖都是懷舊分子，永遠都在聆聽著虛妄的過去。他們以失敗告終，當然也就無法復興帝國主義。在戰後的那些年，帝國主義幾乎完全成為負面字眼，冷戰雙方都在宣傳品上指責對方是「帝國主義者」，這個字眼遭到濫用，現在幾乎沒有什麼重要意義。「帝國主義者」這個字眼在後殖民的言論中較為突出，在先前受到壓迫之人的口中，「帝國主義者」涵蓋了被驅逐的殖民強權以往和現在的罪行。到了世紀末，一個超級強國主宰世界，帝國主義（或新帝國主義）成為最常用來指責美國的字眼，因為美國保護自己在全球各地的利益，採用的手段往往非常地笨拙，也往往只能達到中等的成效。

一言以蔽之：負擔還是利益？

48 孤立主義

> 自找麻煩是一點好處也沒有。在其他方面都相同的情況下，一個國家的領袖還是不要插手其他國家的問題比較明智。要避免介入他人的爭執，最安全的做法就是不要加入約定，免得行動的自由受限，還要被自己不喜歡的決策所約束。

不幸的是在真實世界，其他方面絕對不會相同。每一個國家都因為歷史淵源（政治、社會、文化淵源）和其他國家有密切關係，這些歷史淵源都不能輕易地拋開。大部分的國家沒有貿易就無法長久生存，而貿易的基礎就是錯綜複雜的貿易關係。一個國家要為了安全起見，往往必須和其他國家結盟，一群弱國集體行動，打消強國的侵略意圖。一個國家的主權最主要的就是決定自身的命運，以及獨立追求國家利益的權利。對於大部分的國家而言，為了繁榮與生存，就算失去一些主權，犧牲一些自主權也值得。

某些國家因為各種原因，在不同的時間與外界或多或少斷絕來往。中國與日本就曾經如此，眾所皆知現在的北韓在政治與文化方面也是嚴重地孤立。北韓就是政治領袖基於意識型態，強行實施孤立主義政策的典型例子。不過「孤立主義者」這個字眼在政治論述中的意思往往是特指二十世紀美國政治非常獨特且盛行的一種思潮。

反對外國冒險

「孤立主義」與「孤立主義者」是近代才出現的名詞，根據歷史記載，這兩個名詞是在二十世紀初首次出現。在這之前稍早出現的一群美國政治人物是名符其實的孤

大事紀

1793	1801	1920
華盛頓發表中立宣言	傑弗遜反對美國「捲入與其他國家的聯盟」	美國參議院封殺美國加入國際聯盟的提案

立主義者，不過他們自己並不這樣認為。他們自認為是保守的傳統主義者，在二十世紀提倡一個他們認為在十九世紀以及更早的年代廣為實踐，也頗有成效的信條。

孤立主義的態度與政策在兩次世界大戰之間的那段時間浮上檯面，當時美國是新興超級強國，政治、經濟與軍事實力均快速擴張，卻不太適應自己在全球的新領導地位。孤立主義者在當時主導著美國政壇，反對那些比較傾向干預主義的政治人物，而且極力反對美國捲入各種外國冒險。他們認為從美國被捲入第一次世界大戰的方式，就能看出捲入外國戰爭（尤其是歐洲的戰爭）的危險。一般而言，孤立主義者反對可能需要自己的國家出兵干預的永久軍事聯盟，所以也反對加入國際聯盟（League of Nations）之類，要求會員國集體行動維持和平的國際組織。和平主義者的首要考量是自己的國家避免戰爭，孤立主義者的首要考量則是小心翼翼地保衛國家自主權，也就是獨立行動、單邊行動與主動行動的自由。

> 「我們的政策是要避免與任何國家組成永久聯盟。」
>
> 喬治・華盛頓，1976年

不捲入國家之間的聯盟

孤立主義的支持者替二十世紀的孤立主義辯護，常常會提起美國開國元勛的言論與行為，尤其是華盛頓（George Washington）與傑弗遜（Thomas Jefferson）。華盛頓是美國中立政策的第一位擁護者，在1793年發表中立宣言（Proclamation of Neutrality），主張美國面對歐洲幾場革命戰爭的參戰國，應該堅持「友善超然的態度」。華盛頓三年之後發表告別演說（Farewell Address），說美國之所以應該「避免和其他國家永久結盟」，主要是因為美國跟其他國家並沒有共同的目標與利益：「歐洲有一些主要的利益，與我們並不相關，或者關係很淺。」傑弗遜在1801年的就職演說中，明確提到美國要實施「合作不承諾」政策，目標是「和所有國家維持和平、貿

1934~1937	1941	1945
美國頒布中立法規，限制政府對參戰國借款、軍售	日本偷襲珍珠港，對美國孤立主義者發出致命一擊	聯合國正式成立，透過會員國集體行動，維持全球和平

易與眞誠的友誼，但是不捲入任何國家之間的聯盟」。

　　二十世紀孤立主義者懷念美國開國元勳的孤立主義，大致上是不合時宜。傑弗遜小心翼翼地避免「捲入國家之間的聯盟」，後來的幾任總統也抱持相同的立場，這其實是他們針對新建立的美國所面臨的環境，所做出的審慎對策。當時新建立的美國才剛脫離專橫的歐洲強權的控制，經濟與軍事力量較爲薄弱，距離世界的主流事件很遙遠，而且因爲地處偏遠，所以不會對其他國家構成威脅，也不會受到其他國家威脅。在這種情況，美國自然不會去干預其他國家的事務，因此孤立主義在十九世紀大部分的時間，一直都是美國外交政策的指導原則。不過美國孤立主義的重點向來都是保持中立自主，而不是純粹的孤立。的確，美國在這段期間仍然對外界開放，而且開放的幅度是前所未有的大，迎接數百萬到美國展開新生活的移民，也就是那些「擠成一團，一心想呼吸自由空氣的群眾」。美國也忙著擴張全球貿易關係網，等時機成熟，就能成爲全球經濟巨擘。

新現實

　　美國孤立主義者在成功擊潰兩位總統的國際主義算盤之後，聲勢達到高峰。他們先是破壞了威爾遜總統（Woodrow Wilson）讓美國加入國際聯盟的計畫。他曾經宣示要建立一個「民主國家可以安全生存」的世界，也認爲加入國際聯盟是邁向成功的一大步。在1930年代，羅斯福總統（Franklin D. Roosevelt）眼見歐洲國家對抗法西斯主

東方的排外

　　一般人最熟悉的孤立主義是美國政治的孤立主義，不過歷史上執行孤立主義最澈底的還是日本和中國。日本在江戶幕府（Tokugawa Shogunate）統治下，從1630年代開始的兩百年，實施隔絕政策（也就是鎖國政策），不允許日本人離開日本，也多半不准外國人進入日本。這項措施原本是要防範基督教傳教士進入日本，沒想到鎖國的這段期間正好也是日本空前的和平時期。然而鎖國確實重創日本的貿易，也是造就盲目愛國的島國文化的元兇。中國在明朝和清朝時期，在十四和十七世紀之間斷斷續續地實施海禁，禁止海上活動。關於中國實施海禁的目的，至今未有定論，至少有一部分的目的是要消滅海盜，然而海禁最明顯的結果就是貿易受到影響，沿海居民生活也非常困苦。

義的崛起,深感認同,打算提供實際援助,卻遭到孤立主義者強烈反對。美國在1934至1937年頒布了一系列的中立法規,嚴格限制政府提供參戰國武器、借款之類的援助。然而法西斯主義者在西班牙和義大利取勝,日本的帝國主義野心,以及納粹德國逐漸坐大的威脅,都撼動了全球穩定,越來越多人開始質疑孤立主義的可行性。法國在1940年6月淪陷,美國的不安全感升高,隔年12月日軍偷襲珍珠港,美國的孤立主義者更是嚴重地挫敗,並且全面撤退。

美國自從二次世界大戰結束後,地位大幅提升,成爲舉世無敵的超級軍事強國,軍事力量遍及全球,也是位居全球貿易中心的經濟強國。美國率先成立聯合國、北大西洋公約組織(NATO)等國際組織,再掌控、操縱這些國際組織的議程。美國一次又一次干預其他國家的事務,韓國、越南、拉丁美洲、阿富汗以及伊拉克都曾經受到美國干預。這些干預有時成功,有時則是跟其他國家共同干預。雖然美國與全球政治關係密切,孤立主義在美國仍然保有一些吸引力。在美國受到創傷的時候,比方說在越戰慘敗之後,還有在九一一恐怖攻擊事件之後,國內也有不少主張退守到美國堡壘的聲音。然而現在這些聲音裡蘊含的懷舊氣息比較濃厚,其現實主義的成分已較爲淡薄了。

一言以蔽之:避免與他國建立關係

49 全球化

世界變小了。行動電話、簡訊、電子郵件、社群網站、即時銀行轉帳和衛星資訊系統等，這些新科技的問世促進了全球快速的通訊。虛擬空間縮小，真實空間也同樣地變小。一百年前航行到地球的另一邊需要幾個星期，現在幾小時就能到達。以前遙不可及的地方，現在千千萬萬的觀光客只要搭乘價格低廉的國際航班就能前往。我們不管走到哪裡，越來越常穿著同樣的衣服，吃著同樣的食物，觀看同樣的運動比賽和電視節目，甚至感染同樣的疾病。

全球化是現在最流行的政治術語，上述這些發展都與全球化有關，有些是全球化的起因，有些則是全球化的現象。全球化的概念雖然無所不在，卻很難界定。直截了當地說，全球化就是邁向全球主義（globalism）的運動，就是一種名符其實的「世界觀」，也就是主要從全球的觀點看事情，而不是以地方的觀點看事情。除了這一層表面的意義之外，很難深入定義全球化，一部分原因是全球化涵蓋太多層面，有社會層面、政治層面、經濟層面、文化層面，還有一部分原因是全球化顯然和現代化（modernization）、西洋化（westernization）以及文化同質化（cultural homogenization）之類的同樣難以定義的概念有關，只是並不相同。

將全球化各層面串連在一起的主題，就是民族國家的主權受到侵蝕的方式。以前戒備森嚴的國家邊界，現在卻變成處處是漏洞，處處可滲透，而面對銳不可擋的真實與虛擬的思想、資訊、商品與人群狂潮大肆入侵，實在難有招架之力。從國家觀點轉

大事紀

1962	1971
麥克魯漢在著作《古騰堡星系》（The Gutenberg Galaxy）提出地球村的概念	亞洲第一家麥當勞在日本東京開張

向全球觀點，也開啓了新的機會。在商業界，多國企業巨擘擴充其規模，利用新的全球生產與消費模式獲利。在政治界，政治人物不再只著眼於狹隘的國家利益，許多國際機構應運而生，其中最著名的就是聯合國以及眾多附屬機構。伴隨著全球主義而來的是更深刻的意識，也就是大家更能體認世界是一體的，也更能體認從愛滋病到氣候變遷的這些世界危機。

預見地球村的先知……

在1960年代，加拿大媒體理論家馬歇爾・麥克魯漢（Marshall McLuhan）探討全球化的原動力，也就是時間與距離的明顯壓縮。他的觀點相當著名：

電子電路推翻了「時間」與「空間」的霸權，其他人關心的事情轉瞬間即鋪天蓋地地湧向我們，並且源源不絕。電子電路重組了全球的對話，向世界宣告「完全改變」（Total Change）的時代來臨，也終結了心靈、社會、經濟與政治的本位主義……我們的世界是一個嶄新的同步（allatonceness）世界。「時間」終止了，「空間」消失了。我們現在生活在地球村裡。

麥克魯漢寫下這段話的時候，所謂的「電子電路」不外乎電視與電話，然而接下來在資訊時代問世的每一項新發明，都證明了他的先見之明。

全球肥胖

像麥當勞之類的西方速食業巨擘，向來都是反全球化人士最喜歡攻擊的目標。西方速食業者不僅被指是造成全球餐飲一樣乏味的罪魁禍首，現在更被當成製造新的危機「全球肥胖」的元兇。世界衛生組織認為全球飲食習慣逐漸惡化（攝取更多肉類、脂肪、加工糖類等等），預計到了2015年，全球將有七億成年肥胖人口。但是這些文化帝國主義巨擘並不見得一無是處，莫斯科的餐廳侍者變得彬彬有禮，香港人學會排隊，全球各地的公共廁所也變得更乾淨，這些都是西方速食業者的功勞。

1988

德博在著作《奇觀社會評論》（*Comments on the Society of the Spectacle*）揶揄麥克魯漢

2015

全球成年肥胖人口將達到七億（根據世界衛生組織估計）

　　麥克魯漢對於人類未來在地球村的生活大致樂觀。自從他提出這個觀點以來，很多人也跟他同樣樂觀。美國右派哲學家法蘭西斯・福山（Francis Fukuyama）是麥克魯漢的一位頗具影響力的信徒。他在1992年受到後冷戰的樂觀情緒影響，興奮不已，主張蘇聯等地的獨裁統治垮台，象徵了「人類意識型態演進的終點，也象徵西方自由民主全面普及，成為人類政府的最終形式」。福山認為隨著自由主義在全球勝出，「一種真正的全球文化已然誕生，以科技推動的經濟成長為重心，也以創造、維持全球文化所需的資本主義社會關係為重心。」

> 「新的電子相互依存關係將整個世界改造成地球村。」
>
> 馬歇爾・麥克魯漢，1962年

　　福山的立論根據就跟很多贊成全球主義的人一樣，認為西式自由市場經濟能帶來良性影響。這個觀點大致而言並無爭議。福山認為金錢和商品在全球各地快速自由流動，能為所有人帶來極大的效率與利益，已經富有的國家可以得到更多更便宜的商品，目前貧窮的國家可以得到更多薪資更高的工作機會。對於貧窮國家而言，經濟越來越繁榮，教育品質自然就會提升，政治也自然會變得更複雜，而且如果歷史可以作為借鏡的話，那接下來就會出現自由化與民主政治。

……還是村莊白癡

　　並不是每一個人都對未來的地球村生活如此樂觀。法國前衛思想家居伊・德博（Guy Debord）提出最尖銳的批評，在1988年寫下一段話，嚴厲批判麥克魯漢是「本世紀信念最堅定的白癡」。德博認為麥克魯漢這位「多倫多賢人」被地球村誇張膚淺的誘人之處所迷惑，沒有察覺村莊生活有多低俗。德博說：「村莊和城鎮不一樣，村莊生活向來只有因循守舊、孤立、瑣碎的監視、無趣，還有不斷重複的惡毒八卦，八卦的主題永遠都是相同的那幾家。」

　　反全球化人士的批評主要是針對因循守舊和無趣。國家的邊界開始瓦解，商品與思想四處流動，其中絕大多數難免是來自經濟與政治強勢的地區，尤其是美國。反全球化人士眼看美國等西方國家高度商品化的大眾文化開始吞沒本地習俗，大為吃驚。這種新文化帝國主義長驅直入，導致本地菜餚被麥當勞叔叔和肯德基爺爺粗暴地消

萬變不離其宗

　　全球化是全新的現象，還是只是歷史過程的延續而已？嗯，大概兩者都不算吧。以往倒是曾經出現過類似全球化的過程，之前幾個世紀的帝國主義者、傳教士與商人希望將他們的權力、信仰與貿易版圖擴張得越大越好，走到哪裡都有意無意地留下許多文化行囊。（舉例來說），哥倫布（Columbus）在1492年登陸新世界，在某種意義上也算是全球化的典型案例。兩個大陸交會，兩個世界結合，在此之後雙方都永遠改變，再也無法回到從前了。現在和以前的不同之處在於政治、經濟與文化轉變的規模與速度都十分驚人。從這個角度來看，我們在幾種意義上來說的確是身在新大陸。

滅。本地電影公司所拍攝的真正能代表在地文化的作品，也被好萊塢聲光效果強烈的最新鉅片淹沒。消費主義的表象背後是沒有靈魂的多國企業大軍，意在侵略又冷嘲熱諷。這些大企業奪走西方勞工的工作，以第三世界血汗工廠的苦力取而代之，「詐騙西方人，剝削其他人」。

根深柢固

　　這些觀點都很極端。可想而知真正的全球化比支持者和反對者所形容的都要來得細微許多。一方樂見，另一方譴責的全球文化，其實多半是虛構的。汗牛充棟的全球化研究得到一個明確的結論，那就是全球化幾乎從來都不是單向的過程。幾種不同的文化相遇，結果並不是一種文化稱霸，並消滅其他文化那麼簡單，而是會產生一種微妙的相互交流過程，產生一種截然不同的新東西，一種可能對每一方都有益的東西。一般人再怎麼好奇，想嘗試新東西，對於某一個地區似乎總會保有一種強烈的歸屬感，身在複雜的本地習俗與信仰體系，也會有強烈的分享感。人類就是人類，同時也是動物，天生具有地域性，並不是四海為家。全球化的理論如果無法體認到人類這種根深柢固的天性，就是背離現實。

一言以蔽之：生活在地球村中

50 聯合國

聯合國（UN）是有史以來最大也是最成功的國際組織。聯合國最大的勝利當然就是過去五十幾年來，沒有發生全球衝突，也就是沒有發生第三次世界大戰。不過這只是聯合國眾多成就的一小部分。聯合國提升了全球各地的人權，減輕了重大疾病的影響，培植了開發中國家的社會與經濟制度，也處理當前最緊迫的議題，如全球恐怖主義、毒品交易、國際組織犯罪與氣候變遷，並且納入議程。

至少聯合國的眾多支持者希望我們這麼想。另外還有一種截然不同的觀點，美國的右派保守分子表達得最清楚（不過也不是只有他們這樣說）。根據他們的分析，聯合國是一個具有嚴重缺陷的組織，成立至今的四十五年來多半是無能為力，且又遭到邊緣化。他們也認為自從冷戰結束以來，聯合國就一直扮演著反西方（尤其是反美國）的陰謀與遊說的不民主論壇。說好聽是一個無關緊要且昂貴的空談會議，而說難聽則是異議與衝突的溫床。

就算是反對聯合國的人，也會承認聯合國代表一個偉大的願景。意義崇高的聯合國憲章在地獄般的二次世界大戰中誕生，主旨在於呼籲全球合作，呼籲各國共同以和平的方式化解紛爭，創造一條通往社會正義與尊重人權的平坦道路，讓世界更安全、更美好。反對者認為問題在於這個理念均遙不可及，這個願景完全不了解全球政治的殘酷與現實。國家利益是驅使各國在全球舞台上行動的原動力，儘管聯合國理念崇高，各國在聯合國神聖的門戶之內所做的事情也仍然是出於國家利益。所以實際上

大事紀

1945.6

聯合國會員國在舊金山簽署
聯合國憲章（1945年10月公
布）

1971

中華民國（台灣）在聯合國安
理會的席位由共產主義的中華
人民共和國接替

來說，爭論聯合國的角色，其實就是在爭論國際政治的本質。所謂全球治理，就是在國際法的規範之下，各國合作進行國際關係的體系。全球治理的概念究竟是實際的前景，還是危險的妄想？

為和平而生的憲章

聯合國的前身是國際聯盟（League of Nations），戰爭在各地造成的斷垣殘壁，就是國際聯盟失敗的明證。因此距離戰爭結束很久之前，各國就在計畫成立一個新的國際組織，取代國際聯盟。在三個主要的未戰敗同盟國領袖（美國羅斯福、英國邱吉爾，以及蘇聯史達林）所主導的密集談判中，對於「強國」和其他國家之間的權力與影響力平衡的議題上，各國的看法呈現嚴重的分歧，相對也預告了新成立的聯合國未來的問題。

聯合國憲章是新成立的聯合國所有活動的正式依據，由五十個國家的代表在1945年6月26日在舊金山的一場會議中簽署，同年10月24日生效。聯合國憲章明確指出聯合國的中心思想，那就是維護國際和平與安全的工作必須兼顧更寬廣的社會正義與人權考量。因此「聯合國人民」在聯合國憲章序言當中宣示下列決心：

· 欲免後世再遭戰禍……

· 重申基本人權之信念……

· 創造適當環境，俾克維持正義，尊重條約與其他國際法規範之義務

· 在更自由的環境中促進社會進步與生活水準提升

聯合國憲章一百一十一個條文明訂聯合國的宗旨與原則，也包含聯合國的架構、工作、財務與程序的要點。

1991
蘇聯在聯合國安理會的席位由俄羅斯聯邦接替

2008
聯合國動用一百二十多億美元進行人道救援工作

2009
聯合國會員國數量達到一百九十二國

否決與僵局

聯合國最常為人詬病之處就是做起事情來乏善可陳，而且常常表現不佳，尤其是在成立之後的五十年，全球政治依循冷戰的殘酷邏輯的那段期間。在這段時間，聯合國之所以會失敗，多半是因為妥協與矛盾削弱了原本的架構，尤其是聯合國安全理事會（簡稱安理會）與聯合國大會之間的權力分配，經常導致聯合國無力實踐當初宣示的「維持世界和平」使命。

聯合國大會是聯合國主要的議事機制，每個會員國都有一個席位。聯合國大會負責多項業務，特別是編列預算與會員國選舉相關業務。交由聯合國裁奪的重要議題，主要也是由聯合國大會討論。雖然在世界和平遭受威脅時，聯合國大會可以通過決議，決定處置方式，卻沒有權力強制違法的一方遵守決議。根據聯合國憲章，「維持國際和平與安全的主要責任」在於聯合國安理會。安理會有權做出聯合國所有會員國都必須遵守的決策，但是由於結構的問題，安理會經常效能不彰。聯合國安理會共有十五個理事國（原本是十一個），其中十個是非常任理事國，由聯合國大會選舉產生，每兩年選舉一次。另外還有「五大」，也就是五個常任理事國，分別是美國、英國、法國、俄國（原本是蘇聯，1991年由俄國接替），以及中華人民共和國（原本是

南轅北轍

聯合國的支持者與反對者之間存在一道似乎無法跨越的鴻溝。2001年出版的《牛津世界政治指南》（*Oxford Companion to the Politics of the World*）裡面的兩篇文章清楚呈現了這道鴻溝。「辯方」由兩度出任聯合國安理會主席的加拿大政治家洛伊德・艾克斯沃西（Lloyd Axworthy）擔綱：

「如果沒有聯合國，不知還會有多少生命葬送在衝突、疾病與飢餓之中。如果沒有聯合國，我們能避免第三次世界大戰嗎？……民族國家再也不能單打獨鬥，就算是最強大的民族國家也不能。國際合作至關重要……一個健全的聯合國有巨大的潛力，能處理現今世界的複雜問題，所以應該處於國際合作體系的核心地位。」

「控方」由前任美國常駐聯合國代表約翰・博爾頓（John R. Bolton）出任：

「聯合國目前的問題也許根本就沒有『解決之道』。也許是因為聯合國憲章先天就有內部矛盾，所以聯合國的效能才無法提升……因此，聯合國未來最有可能扮演的角色大概就是像現在一樣，繼續一團混亂，繼續前後不一，繼續無足輕重。」

中華民國（台灣），1971年由中華人民共和國接替）。安理會的每一個理事國都有投票權，不過每一個常任理事國都有否決權，可以阻擋安理會的任何決策。

這種制度在冷戰期間所造成的後果，就是有很多的決議案都因為牽涉到「五大」其中的兩個以上的國家，幾乎就會完全陷入僵局。在1966年之前，蘇聯往往將聯合國視為西方帝國主義的工具，因此否決了一百多件決議案。從1966年到1989年東方集團（Eastern bloc）瓦解的這段時間，美國越來越將聯合國視為敵對的共產主義與第三世界集團滋生的溫床，因此否決了六十七件左右的決議案。冷戰結束以來，聯合國在「破冰」方面大有進展，在二十世紀的最後十年，聯合國發動維和行動的次數，大概是從成立到當時的三倍之多。儘管如此，聯合國的表現還是乏善可陳，不管是1992至1995年的前南斯拉夫，1994年盧安達的種族滅絕，還是2003年的伊拉克，聯合國被布希政府晾在一邊，這些都是顯而易見的失敗，或者應該說是完全無力介入的鐵證。

邁向更好的未來

批評聯合國的人難免會只看聯合國的缺失，不看聯合國卓越的功績。二十一世紀的聯合國在紐約市的總部監督並協調一群專門機構的工作。這些專門機構負責處理各種經濟、社會、文化、人道與環境問題。所謂的聯合國系統，也就是聯合國與所屬的專門機構，包含世界上許多權力最大、知名度最高的機構，例如聯合國糧食及農業組織（FAO）、聯合國教科文組織（UNESCO）、國際勞工組織（ILO）、國際法院（International Court of Justice）、世界衛生組織（WHO）、國際貨幣基金（IMF）、世界銀行等。這些專門機構或許逐漸衰退，表現差強人意，不過人類在最近幾十年得以自我提升，改善全球衛生與營養，擴大教育的範圍，消除貧窮，以及消滅「戰禍」，最主要還是得歸功於聯合國的影響。

一言以蔽之：避免戰禍

▍名詞解釋

專制主義（absolutist）
一種政體，統治者（有時候不只一位）握有無限的權力，只是行使權力仍然受到法律規範。專制政體經常拿來與君主立憲政體（統治者的權力受到法律限制）以及暴政（統治者的權力不受限制，也不合法）比較。

美國革命（American Revolution）
在1783年結束的軍事與政治對抗，北美殖民地居民最後得以擺脫英國控制。

獨裁（autocratic）
一個政體的所有權力都集中在一位統治者身上。

威權主義（authoritarian）
一種治理方式，受統治者必須犧牲個人自由，無條件服從統治者。

自治（autonomous）
個人或國家得以自行治理。

官僚制度（bureaucratic）
一種行政制度，由常任（通常是非民選的）官員負責決策。官員按照等級編制，一切行為必須遵守嚴格的法令規章。

立憲制（constitutional）
見「專制主義」條目。

暴虐（despotic）
行使絕對權力的統治者或政體，通常以殘酷、壓迫的手段對待人民。

獨裁者（dictator）
一個掌握國家所有政治權力的統治者，通常是以暴力手段奪得政權，原先是指古羅馬時代在非常時期（有限的期間）握有絕對權力的獨裁官。

啟蒙運動（Enlightenment）
又稱「理性時代」，科學革命（Scientific Revolution）在十七世紀末掀起的西方思潮，理性的力量超越宗教與傳統的權威。

聯邦制度（federalism）
一種治理制度，權力由組成的群體（通常稱為「邦」）共同擁有，而不是由一個地位高於各邦的中央機構擁有。

封建制度（feudalism）
中世紀歐洲盛行的社會制度，君主將土地分封給貴族，換取貴族的軍隊效力。奴隸與農民（農奴）屬於社會的下層階級。

法國大革命（French Revolution）
1789年至1799年之間越演越烈的流血衝突，推翻了法國的絕對君主制度。有人認為法國大革命是第一起現代革命，因為這場革命引發社會變遷，也推動了全新的政治思想。

地緣政治（geopolitics）
一種分析國際政治的方法，特別著重領土規模、領土位置之類的地理變數。

光榮革命（Glorious Revolution）
1689年英格蘭君主更替，信奉天主教的詹姆斯二世（James II）遜位，他信奉新教的女兒瑪麗（Mary）以及瑪麗的丈夫奧蘭治的威廉（William of Orange）取而代之。這場不流血的政變代表英格蘭正式告別專制政治，展開君主立憲制度。

意識型態（ideology）
一套連貫的思想與信仰，是政治理論與經濟理論的基礎，也是解釋世界如何運作的特殊理論。

工業革命（Industrial Revolution）
農業社會轉型成為都市化工業社會所歷經的社會變遷與經濟變遷。工業革命的發源地是十八世紀的英國，蒸汽發電的問世、工廠製造以及鐵路鋪設先後帶動了工業革命。

放任主義（**laissez-faire**）
一種經濟理論，主張沒有政府干預的市場表現最佳。

左派與右派（**left and right**）
一種理論上的政治理念的範圍，是常用（也常常遭到誤用）的詞彙。現在所謂的的左派通常是傾向社會主義思想，而右派則是普遍保守，關心經濟自由化（例如自由貿易）之類的議題。

遊說（**lobbying**）
某些利益團體從事的活動，也就是向政治人物表達他們的觀點，勸說政治人物起草法案，或投票支持他們推動的法案。

馬克思主義（**Marxist**）
德國政治哲學家卡爾·馬克思（Karl Marx，生於1818年，逝於1883年）的思想。馬克思與恩格斯（Friedrich Engels）並稱現代共產主義之父。

中世紀（**medieval**）
中世紀時代，從西元第五世紀西羅馬帝國（Western Roman Empire）滅亡，到1400年代文藝復興時期開始的這一段歐洲歷史時期。

菁英政治（**meritocracy**）
一種社會制度，權力與地位是按照功績（才能與努力）分配，而不是按照階級、性別、年齡之類的標準分配。

現代（**modern**）
西方國家的一段歷史時期，（大約）從十五世紀開始，一直延續到現在。從十五世紀到大約1800年代的這段期間通常稱為「近代」。

自然法（**natural law**）
一種思想，認為自然界有一種秩序，人類可以從這個秩序中歸納出處事的標準與規範。一般來說，自然法理當是人類制定的法律的永恆依歸。

新自由主義（**neoliberalism**）
一種經濟與政治理論，從1970年代開始盛行，內容包含古典自由主義的某些主張（特別是「自由市場萬能」），也主張個人自由與小政府。

民粹主義（**populist**）
一種政治運動，宣稱以尋常百姓的意見與喜好為優先。民粹主義往往公開反對知識分子，號稱要為「小老百姓」代言，對抗國家與握有重權的菁英的陰謀。

進步（**progressive**）
傾向創新與改革的政治人物或政策。一個稅制如果是所得越高，應繳稅額就越高，也就是富人繳稅相對比窮人多，那這個稅制就是進步的稅制。

理性主義（**rationalism**）
廣義來說，就是堅持任何行為與意見都要以理性與知識為基礎。理性主義的相反是信仰，信仰是以宗教啟示或傳統為基礎。

宗教改革運動（**Reformation**）
十六世紀歐洲的宗教運動，要求羅馬天主教教會改革，最後導致新教（Protestantism）崛起。

文藝復興（**Renaissance**）
十四世紀至十六世紀期間古典模型的重新發現所帶動的歐洲藝術與文學的復興。

權力分立（**separation of powers**）
一種思想，認為政治權力應該分屬不同體系（通常是行政、立法、司法體系），以防暴政崛起。

主權（**sovereignty**）
一個國家至高無上的政治權力，掌握在一個人或一個機構的手裡。握有主權可以制定法律，做政治決策，並要求全體國民遵守這些法律與決策。

極權主義（**totalitarian**）
一種治理制度，國家控制私人行為與公共行為的每個層面。在極權國家，一切必須以國家的利益為優先，人民的利益必須讓步。

暴政（**tyrannical**）
見「專制主義」條目。

50則非知不可的政治學概念

50 Political Ideas: You Really Need To Know

作　　者	班‧杜普瑞（Ben Dupré）
譯　　者	龐元媛
發 行 人	楊榮川
總 經 理	楊士清
副總編輯	劉靜芬
責任編輯	蔡琇雀、林佳瑩
協力編輯	黃曉玟
封面設計	王麗娟
出 版 者	五南圖書出版股份有限公司
地　　址	106台北市大安區和平東路二段339號4樓
電　　話	(02)2705-5066
傳　　真	(02)2706-6100
劃撥帳號	01068953
戶　　名	五南圖書出版股份有限公司
網　　址	https://www.wunan.com.tw
電子郵件	wunan@wunan.com.tw
法律顧問	林勝安律師事務所　林勝安律師
出版日期	2013年 6 月初版一刷
	2022年 8 月三版一刷
定　　價	新臺幣360元

國家圖書館出版品預行編目資料

```
50則非知不可的政治學概念 / 班‧杜普瑞
  (Ben Dupré)著；龐元媛譯. -- 三版.
  -- 臺北市：五南圖書出版股份有限公司,
  2022.08
  面；　公分
譯自：50 political ideas you really need
    to know.
ISBN 978-626-317-951-6 (平裝)

1.CST: 政治學

570                          111009193
```